Über den Ursprung der Venenentzündung

und über die Ursachen, Folgen und Behandlung eitriger Ablagerungen

MD Henry Lee

Writat

Diese Ausgabe erschien im Jahr 2023

ISBN: 9789359256528

Herausgegeben von
Writat
E-Mail: info@writat.com

Inhalt

VORWORT.

SEIT der Zeit, als die Humoralpathologie zu Recht in Verruf geriet, wurden vergleichsweise wenige Versuche unternommen, die Bedingungen, unter denen krankhafte Sekrete in den Kreislauf gelangen können, mit einiger Genauigkeit zu definieren. Den Krankheiten, die durch das Vorhandensein verunreinigter Flüssigkeiten im Gesamtsystem und in Teilen des Körpers entstehen, die von ihrer ursprünglichen Quelle entfernt sind, wurde mehr Aufmerksamkeit geschenkt; Sie sind jedoch noch weit davon entfernt, in unserem medizinischen und chirurgischen System den Platz einzunehmen, der ihrer Bedeutung gebührt.

Die Schwierigkeit, erkrankte Sekrete aufzuspüren, nachdem sie sich mit dem Blut vermischt haben, oder ihr Vorhandensein in den Gefäßen zu erkennen , hat die Untersuchung ihrer Wirkungen oft langwierig und ergebnislos gemacht; während andererseits die Veränderungen der Struktur fester Teile, die von den Sinnen leicht wahrgenommen werden können, eher darauf ausgelegt sind, die Aufmerksamkeit zu fesseln und die einfache Lösung des Ursprungs der Symptome zu ermöglichen, die, ob eingebildet oder real, vorhanden ist eine Tendenz, den Geist von weiteren Zweifeln und Spannungen zu befreien. Daher kam es vor, dass der Pathologie der soliden Körperteile eine überproportionale Aufmerksamkeit geschenkt wurde.

Die meisten Beobachtungen, die dazu beigetragen haben, unser Wissen über die Auswirkungen der Einführung erkrankter Flüssigkeiten in das Blut zu erweitern, wurden unter dem Namen Phlebitis oder Venenentzündung aufgezeichnet. und ich habe diesen Titel beibehalten, obwohl er offensichtlich nicht ausreicht, um jene konstitutionellen Neigungen auszudrücken, die die wichtigsten und charakteristischsten Merkmale dieser Beschwerden bilden.

Das Einbringen von Eiter in den Körper wird zu Recht als die wichtigste dieser Krankheitsklasse angesehen. Aber die Theorie der Zirkulation von Eiterkügelchen mit dem Blut, die durch zahlreiche geistreiche Überlegungen gestützt und am besten geeignet ist, die Bildung eitriger Ablagerungen zu erklären, hat sich noch nie allgemein durchgesetzt. Das Verstopfen der Eiterkügelchen in den Kapillarröhrchen ist vielen, die an die praktische Beobachtung von Krankheiten gewöhnt sind, als eine zu mechanische Lösung des Ursprungs dieser Abscesse erschienen; und es ist notwendig geworden, genauer als bisher die tatsächlichen Bedingungen zu bestimmen, unter denen Eiter in Substanz in den Kreislauf aufgenommen werden kann.

Der einfache Versuch, etwas Eiter mit gesundem, frisch entnommenem Blut zu vermischen, wird sofort zeigen, dass eine solche Kombination im lebenden Körper nicht zirkulieren kann. Man wird feststellen, dass das Blut um die Eiterkügelchen herum gerinnt und eine feste Masse bildet, die an der ersten Oberfläche, mit der es in Berührung kommt, haften bleibt; und es wird offensichtlich sein, dass seine Elemente erst dann mit dem Blut zirkulieren können, wenn das so gebildete Gerinnsel aufgebrochen oder aufgelöst ist.

Es erscheint nicht wenig überraschend, dass dieses vielleicht einfachste und lehrreichste Experiment, das in Bezug auf die Bildung eitriger Ablagerungen durchgeführt werden kann, nicht vorgezogen wurde gegenüber anderen, deren Durchführung schwierig war und in ihren Ergebnissen nicht schlüssig.

Sir Charles Bell bemerkte, dass wir uns selten auf die Antworten verlassen können, die lebenden Tieren durch Experimente entlockt werden, die dem natürlichen Gefühl der Menschheit zuwiderlaufen; und dass es unsere Pflicht ist, wenn Experimente durchgeführt werden, diese auf jeden Fall durch möglichst genaue Anwendung unserer Vernunft vorzubereiten und die Frage so einzugrenzen, dass wir sicher sind, dass unser Vorgehen einen Vorteil bringen kann. Wäre das oben erwähnte einfache Experiment, das die Wirkung von Eiter auf Blut aus dem Körper veranschaulicht, gebührend berücksichtigt worden, hätte es möglicherweise einige der vagen und nutzlosen Experimente erspart, die bei der Untersuchung des vorliegenden Themas an lebenden Tieren durchgeführt wurden.

September 1850.
13, Dover Street, Piccadilly.

TEIL I.

Bei Venenentzündungen :

MIT EXPERIMENTEN, DIE DIE AUSWIRKUNGEN EINES BESCHÄDIGTEN BLUTZUSTANDS DARSTELLEN.

I. JOHN HUNTER brachte seine Überzeugung zum Ausdruck, dass das Blut „die Kraft zum Handeln in sich trägt" [1] und dass die Gerinnung auf einen „Eindruck" zurückzuführen ist, den es erhält. Ein solcher Eindruck kann durch die Trennung von den lebenden Gefäßen oder durch das „Aufhören der natürlichen Wirkung" [2] in ihnen vermittelt werden. Unter bestimmten Umständen können auch die lebenden Gefäße selbst das Mittel zur Anregung der Koagulation sein. [3] In anderen Fällen kann die Beimischung von Fremdstoffen diesen Vorgang entweder verzögern oder beschleunigen. [4] Die Experimente, die durchgeführt wurden, um den letzten Punkt zu klären, teilt uns Herr Hunter mit, „wurden eher eingebildet als vollständig durchgeführt; und das Thema wurde eher angesprochen und berührt, als dass es strafrechtlich verfolgt wurde". [5] Bei diesen Experimenten wurden verschiedene in der Medizin verwendete Gegenstände mit aus dem Körper entnommenen Blutanteilen vermischt; und es wurde festgestellt, dass sie in einigen Fällen sowohl „die Zeit" als auch „die Festigkeit der Koagulation" veränderten. [6] Der Umstand, dass in solchen Experimenten Medikamente verwendet werden, lässt darauf schließen, dass Hunter bei der Einleitung dieser Forschungen davon ausging, dass Substanzen, die dazu neigen würden, solche Wirkungen außerhalb des Körpers hervorzurufen, auch bei Lebewesen eine gewisse Wirkung auf das Blut haben könnten Tiere. Bei dem Versuch, die so verworfene Idee weiterzuverfolgen, wurde ich dazu gebracht, die Wirkung verschiedener Substanzen auf das Blut zu testen und die Veränderungen zu berücksichtigen, die in dieser Flüssigkeit durch die Beimischung von tierischen Sekreten hervorgerufen werden können. Die Experimente, die im Folgenden detailliert beschrieben werden, bestätigen nicht nur die Annahme von Herrn Hunter, dass Fremdstoffe Wirkungen im Blut hervorrufen können, wenn sie dem Körper entzogen werden, sondern zeigen auch, dass einige dieser Wirkungen in den lebenden Gefäßen noch schneller hervorgerufen werden können.

Bei diesen Experimenten wurde Eiter allen anderen Flüssigkeiten vorgezogen; Erstens, weil die Fähigkeit, das Blut zu gerinnen, die es besitzt, es ermöglicht, seinen Einfluss im Körper zu verfolgen; und zweitens, weil es sich um ein tierisches Sekret handelt und die erzielten Ergebnisse wahrscheinlich denen ähneln, die durch die Beimischung anderer Sekrete zum Blut erzielt werden.

Wenn Eiter mit frisch von einem gesunden Tier entnommenem Blut vermischt wird, wird festgestellt, dass er die Gerinnung deutlich begünstigt. Dieser Effekt tritt nicht sofort ein, wie bei der Mischung einer Säure mit dem Blut; und ich habe Grund zu der Annahme, dass dort, wo das Blut seine natürliche Gerinnungsfähigkeit verloren hat, durch die Zugabe von Eiter keine sichtbare Veränderung hervorgerufen wird. Es scheint daher, dass diese Wirkung eher auf einem lebenswichtigen als auf einem chemischen Einfluss beruht. In manchen Fällen erfolgt die Gerinnung in weniger als zwei Minuten; in anderen Fällen nach längerer Zeit; aber in allen durchgeführten Versuchen war der Einfluss von Eiter, wenn er dem Blut zugesetzt wurde, auf die Förderung seiner Gerinnung hinreichend deutlich. Es wurde festgestellt, dass fauliger Eiter schneller wirkt als gesunder Eiter (Versuch 1, b), aber die Beimischung von Wasser verzögert den Vorgang; Das Ergebnis weicht in dieser Hinsicht in gewissem Maße von der Schlussfolgerung ab, die aus einem ähnlichen von Hunter durchgeführten Experiment gezogen wurde. [7] Die Ursachen, die gewöhnlich die Gerinnung aus dem Körper begünstigen, sind Ruhe und Trennung des Blutes in kleine Mengen. Diese Bedingungen werden in gewissem Maße während der Zirkulation des Blutes durch die Kapillaren ins Spiel gebracht; und wenn der Einfluss der Beimischung von Eiter mit dem Blut nicht ausreicht, um sofort eine Gerinnung hervorzurufen, sollten wir natürlich erwarten, dass die Wirkung leichter hervorgerufen wird, wenn diese beiden zusätzlichen Ursachen eine solche Wirkung begünstigen. Wenn der Eiter in größeren Mengen eingeführt wird, kommt es sofort zur Gerinnung des Blutes und das Eindringen von Eiter in den Kreislauf wird dadurch verhindert. Die Experimente VI, VII und VIII scheinen den Beweis für die Richtigkeit dieser Meinung zu liefern und zu zeigen, dass das Ergebnis in den Gefäßen schneller erzielt werden kann als anderswo. In diesen Fällen war die Wirkung so plötzlich, dass die Mischung aus Blut und Eiter koagulierte, bevor sie die Halsvene passieren konnte, was durch die Verhärtung und das schnurartige Gefühl des Gefäßes angezeigt wurde.

Im Experiment VIII reichte die gebildete Obstruktion aus, um selbst starkem Druck standzuhalten und den injizierten Eiter weitgehend, wenn nicht sogar ganz, daran zu hindern, seinen Weg entlang der Vene zu finden. Das Koagulat wurde während der Operation im Gefäß ertastet und dort nach dem Tod wiedergefunden. Eine Wirkung der so unmittelbar erzeugten Gerinnung des Blutes besteht notwendigerweise darin, dass das verunreinigte Blut in dem Teil zurückgehalten und verhindert wird, dass es im Verlauf des Kreislaufs transportiert wird. Diese Absicht kann durch Zufall oder Absicht beeinträchtigt werden. Das Koagulum kann, wie in Experiment VI, während des Prozesses seiner Bildung oder nachdem es sich gebildet hat, aufgebrochen werden und die Teile, aus denen es bestand, mit dem zirkulierenden Blut weitertransportiert werden. In einem solchen Fall befindet sich die Vene, in der sich das Gerinnsel zuerst gebildet hat, in ihrem natürlichen Zustand (mit Ausnahme der Stelle, an der sie möglicherweise mechanisch verletzt wurde), und in entfernten Kapillarsystemen können dunkle Stauungsflecken gefunden werden. Läßt man das Gerinnsel zurückbleiben, so verdickt sich die Vene, in der es entsteht, bald; aber wie die zitierten Experimente beweisen, *ist diese Verdickung die Wirkung und nicht die Ursache der Stagnation des verunreinigten Blutes im Gefäß* .

II. Wenn Blut in einer serösen Höhle gerinnt, bildet sich auf seiner Oberfläche ein dünnes Häutchen, das durch Ablagerungen aus dem Blutfibrin verdickt wird und eine Zyste bildet, die den Erguss vollständig umschließt. Dieser Punkt hat wahrscheinlich nicht die Aufmerksamkeit erhalten, die er verdient; und da davon ausgegangen wird, dass es für die Untersuchung des vorliegenden Themas von größter Bedeutung ist, wird ein kurzer Raum dem Zweck gewidmet, es vollständig zu begründen und seinen Zusammenhang mit anderen und späteren Änderungen zu verfolgen. Jede bei der Sektion beobachtete Lymphschicht wurde vielleicht allzu allgemein als Folge einer Entzündung angesehen; und daher ist eine Verwirrung in den verwendeten Begriffen entstanden. Dass Lymphe direkt aus dem Blut gewonnen und in Form einer Membran abgelagert werden kann, ohne von einem Gefäß abgesondert zu werden, wurde in einem Artikel in den Medico-Chirurgical Transactions vollständig *gezeigt* . [8] Solche Lymphschichten ähneln so sehr anderen, die durch Sekretion aus entzündeten Kapillaren entstehen, dass sie als identisch beschrieben wurden. Aber die Art und Weise ihrer Bildung ist in beiden Fällen völlig unterschiedlich. Im einen Fall handelt es sich um einen lokalen Prozess, der auf das Blut selbst und anschließend auf die Membran beschränkt ist, mit der es in Kontakt kommt. Im anderen Fall handelt es sich um eine Konstitutionsanstrengung, die mit konstitutionellen Symptomen einhergeht. Der erstere dieser Prozesse wurde von Hunter klar beschrieben. Bei der Beschreibung des Prozesses der Vereinigung durch die erste Absicht, der „Koagulation", sagt er: „Ich stelle mir vor, nach genau demselben Prinzip vorzugehen wie die Vereinigung durch die erste Absicht. Es ist die Vereinigung von Teilchen mit Teilchen durch die Anziehungskraft des Zusammenhalts, die, im Blut bildet es einen Feststoff; und es ist dieses Gerinnsel, das sich mit den umgebenden Teilen verbindet, das die Vereinigung durch die erste Absicht bildet: denn die Vereinigung durch die erste Absicht ist nichts anderes als die lebenden Teile, wenn sie auf natürliche Weise oder durch Kunst getrennt werden. Es entsteht eine gegenseitige Anziehungskraft der Kohäsion mit dem Zwischenkoagulum, die sofort einen gegenseitigen Verkehr und sozusagen ein gemeinsames Interesse zulässt." [9] „Wenn das Blut geronnen ist, so dass es an beiden Oberflächen haftet und sie zusammenhält, kann man sagen, dass die Vereinigung begonnen hat." [10] „Das verbindende Medium wird sofort ein Teil von uns selbst, und wenn die Teile davon nicht beleidigt sind, entsteht keine Irritation." „Wenn die austretende Blutmenge groß ist, wird nicht das Ganze vaskulär, sondern nur die Oberfläche, die mit den umgebenden Teilen in Kontakt steht." [11] Der so allgemein beschriebene Prozess kann in serösen Hohlräumen stattfinden. Auf der dritten Tafel am Ende von Herrn Hunters Werk ist ein Blutgerinnsel dargestellt, das an der *Tunica vaginalis haftet* . „Die Adhäsion war fest, ließ jedoch eine Trennung an einem Ende zu; bei der Trennung waren Fasern zu sehen, die zwischen ihr und dem Hoden verliefen."

Es wäre unnötig, sich weiter mit diesem Prozess zu befassen, wenn nicht einige der höchsten Autoritäten der Chirurgie sowohl hier als auch auf dem Kontinent ihn als identisch mit einer adhäsiven Entzündung beschrieben hätten. So sagt Bichat [12] : „Die Vernarbung von Wunden in Venen nach Blutungen ist eine Folge einer Entzündung." Nun wird behauptet, dass bei der Gerinnung des Blutes, sei es in serösen Hohlräumen oder in Venen, der Prozess der Vereinigung normalerweise nicht ein Prozess der Entzündung ist oder einer, bei dem die Kräfte der Konstitution zu erhöhter Aktivität aufgerufen werden. Es ist wahr, dass in beiden Fällen eine Entzündung auftreten kann und dass als Folge einer solchen Entzündung Lymphe abgesondert werden kann; Dies ist jedoch nur dann der Fall, wenn, um die Sprache von Herrn Hunter zu verwenden, die „primäre Absicht" nicht erfüllt wurde. [13]

Wenn sich aus dem Blutausfluss eine membranöse Lymphschicht ablagert, haftet diese mit einiger Festigkeit an der Oberfläche, mit der sie in Kontakt kommt; Da jedoch zunächst keine Gefäßverbindung zwischen ihnen besteht, kann es abgetrennt werden, wobei der Teil, an dem es haftete, in seinem natürlichen Zustand belassen wird. Andererseits hinterlässt Lymphe, die aus einer adhäsiven Entzündung stammt, bei der Abtrennung die Oberfläche, auf der sie sich gebildet hat, rau und uneben. So kann geronnenes Fibrin, wenn es sich kürzlich abgelagert hat, von ergossener Lymphe unterschieden werden.

Die Veränderungen, die Blut erfährt, wenn es in seröse Hohlräume fließt, können auch dann auftreten, wenn es in verletzten oder freigelegten Venen zurückgehalten wird. Die Gerinnung des Blutes dient in solchen Fällen (Exp. VII und VIII) als Verbindung zwischen den Seiten der Venen (die entweder vorübergehend oder dauerhaft sein kann), um das Eindringen von Fremdstoffen in den Kreislauf zu verhindern . Wenn das Blut auf diese Weise in den Venen gerinnt, kann es zu Veränderungen kommen, die denen ähneln, die in serösen Hohlräumen erwähnt wurden. Wenn die Blutmenge groß ist, bildet sich zunächst ein dünnes Häutchen auf seiner Oberfläche (siehe Präparate 1523-25 und 1525-64 im Museum des Guy's Hospital). Diese

Membran verdickt sich und haftet an der inneren Oberfläche der Vene (siehe Tafel Nr. 13, Cooper und Travers' *Surgical Essays*, Teil I, und Prep. Nr. 1736, im Pathologischen Museum des College of Surgeons). Dann wird es vaskulär und schließlich so fest mit einem Teil des Gefäßumfangs verbunden, dass es untrennbar mit ihm verbunden ist, ohne die Auskleidungsmembran zu zerreißen.

Wenn das verwundete Gefäß klein ist oder wenn das Tier stark und robust ist, kann das gesamte Blut in der Vene sofort gerinnen und sich mit den Seiten verbinden. Hier wird jedoch die übliche Sparsamkeit der Natur ausgeübt, und zwar mit einer Präzision, die der Kraft des Patienten entspricht. Eine einfache Wunde in einer Vene wird, wenn sie von vornherein geheilt wird, unter normalen Umständen die Zirkulation durch das Gefäß nicht behindern. Es bildet sich ein Gerinnsel, das ausreicht, um die geteilten Ränder miteinander zu verbinden, und die Blutzirkulation durch das Gefäß wird ununterbrochen sein; Wenn die Wunde jedoch nicht leicht heilt, können sich Gerinnsel bilden, die mehr oder weniger in die Venenhöhle eindringen. Es gibt dann drei Möglichkeiten, wie ein Gerinnsel die Durchblutung einer Vene behindern kann. 1. Indem die äußere Schicht des Gerinnsels eine Membran bildet, die die flüssigeren Teile des Blutes enthält. 2. Dadurch, dass das gesamte im Gefäß enthaltene Blut ein festes Gerinnsel bildet. 3. Durch ein Koagulum, das nur an der verletzten Seite des Gefäßes haftet.

Auf welche Weise auch immer der Reparaturprozess eingeleitet wird, es kann zu Störungen und zur Auflösung der Gewerkschaft kommen. Dies ist den Hufschmieden praktisch bekannt; die, wenn sie ein zweites Mal aus derselben Körperöffnung bluten wollen, die „Vereinigung durch die erste Absicht" durch einen Schlag auf die Vene zerstören. Während die Teile nur durch das Fibrin aus dem Blut verbunden sind, muss jede Gewalt darauf abzielen, die gleiche Wirkung hervorzurufen. Wenn die Konstitution gut und die Gerinnungskraft des Blutes nicht beeinträchtigt ist, kann die Verbindung häufig unterbrochen und doch ebenso oft auf die gleiche Weise wiederhergestellt werden. Wenn aus irgendwelchen örtlichen Gründen oder aus irgendwelchen konstitutionellen Besonderheiten die ursprünglich beabsichtigte Vereinigung am Ort der Verletzung fehlschlägt, kann sie dennoch in einiger Entfernung oberhalb der Vene versucht werden; und dann bilden sich in unterschiedlichen Abständen entlang des Gefäßes Koagula. Wenn diese Gerinnsel die Vene ausfüllen, fest sind und nicht durch Gewalteinwirkung gestört werden, kann die Verbindung vollständig sein und das Gefäß an diesen Stellen verschlossen sein, auch wenn die ursprüngliche Wunde eitern sollte. Es kommt jedoch manchmal vor, dass dieselbe Eigentümlichkeit der Konstitution oder dieselbe örtliche Ursache, die die Vereinigung an der ursprünglichen Wunde verhindert hat, eine vollständige

Vereinigung durch die erste Absicht an irgendeiner anderen Stelle der Vene verhindern kann; und dann ist sein Kanal für jedes Sekret offen, das in ihn eingeführt werden könnte. So können Fremdstoffe ihren Weg entlang einer Ader finden; Dennoch gibt es eine Bestimmung, die verhindert, dass es in Umlauf gebracht wird. Es wurde bereits gezeigt, dass das Blut in seinem natürlichen Zustand die Tendenz hat, um Eiter herum und wahrscheinlich auch um viele andere Flüssigkeiten herum zu gerinnen, sogar außerhalb des Körpers (Experimente i, v), und dass diese Eigenschaft auch bei der BLUTGERINNUNG zum TRAGEN kommt eine noch bemerkenswertere Art und Weise in den lebenden Gefäßen (siehe Experimente VII, VIII). Auf die gleiche Weise kann dann verhindert werden, dass Fremdstoffe, selbst nachdem sie in die Venen gelangt sind, weiter in Richtung des Zirkulationszentrums vordringen. Der Prozess, der unter solchen Umständen stattfindet, ist streng analog zur Vereinigung durch die erste Absicht. Das Blut kann gerinnen und an den Seiten jedes Teils des Gefäßsystems haften. Die so gebildete Verbindung kann dauerhaft sein, oder das Gerinnsel kann wieder aufgelöst und im Verlauf des Kreislaufs mit dem Blut transportiert werden, wie in Experiment VI GEZEIGT. Wenn dies geschieht, treten, wie im selben Experiment gezeigt wird, weitere Veränderungen in entfernten Körperteilen auf. Diese Tendenz zur Koagulation um den Fremdkörper herum, der sich einmal dem Blut eingeprägt hat, kann nicht durch mechanisches Aufbrechen des Koagulats zerstört werden, wie in der Tat durch die bereits erwähnte Tatsache bewiesen wird, dass nach einem Versuch der Vereinigung in einer Vene (infolge der Einführung von Fremdkörpern) fehlgeschlagen ist, wird unmittelbar weiter oben im Schiff ein weiterer Versuch unternommen. Unter diesen letzten Umständen kann es vorkommen, dass eine Vene an verschiedenen Stellen teilweise verödet ist und Lücken entstehen, in denen Lymphe oder Eiter abgesondert wird. Wenn die eingeführte eitrige Substanz nur kurze Zeit in der Vene verbleibt, entsteht keine Entzündung (Experiment VI). Wenn jedoch eine irritierende Flüssigkeit dort zurückgehalten wird, weil das Blut um sie herum gerinnt, kommt es zu einer adhäsiven, ulzerativen oder eitrigen Entzündung (Experimente VII und VIII).

Die Langsamkeit, mit der sich Venen entzünden, wenn sie geschnitten, abgebunden oder gequetscht werden, wurde von verschiedenen Autoren kommentiert; und insbesondere Herr Travers hat sich bemüht, „die Seltenheit ihres Auftretens" mit dem schnellen und heftigen Charakter der Entzündung in bestimmten Fällen in Einklang zu bringen. Obwohl sich eine verletzte Vene unter normalen Umständen nicht entzündet, zeigen die beigefügten Experimente, dass in ihre Höhle eingeführter Eiter eine Entzündung hervorruft, bei der das System mitfühlt. Andere Flüssigkeiten außer Eiter werden zweifellos ähnliche Wirkungen hervorrufen; Besonders hervorzuheben sind hier jedoch die Eitererkrankungen, da sie eine gute

Veranschaulichung der Reihe von Veränderungen bieten, die durch die Einführung von Fremdstoffen in das Blut hervorgerufen werden.

Welche Symptome das Vorhandensein von Eiter im Unterschied zu anderen Sekreten im Blut charakterisieren, dürfte in Fällen, wie sie in der Praxis auftreten, schwer zu bestimmen sein. Die Untersuchung des Blutes liefert in diesen Fällen keine sehr befriedigende Aussage; Denn die Eigenschaften des Eiters sind, wenn das Blut einmal um ihn geronnen ist, so verändert, dass ich kein Mittel kenne, an dem man eine kleine Menge erkennen kann, wenn er einmal in den Kreislauf gelangt ist. Die Schlussfolgerungen, die aus den verschiedenen jetzt dargelegten Tatsachen gezogen werden , sind erstens, dass eine Venenentzündung oder Venenentzündung kein wesentlicher Teil der primären Erkrankung ist, die den konstitutionellen Symptomen vorausgeht, selbst wenn krankhafte Stoffe durch eine Vene in den Kreislauf gelangt sind . Zweitens, wenn es zu einer Venenentzündung kommt, ist diese zumindest in manchen Fällen nicht die Ursache, sondern die Folge der Einschleppung von erkrankten oder fremden Stoffen in das Blut. Drittens, dass Venen zwar durch jede mechanische Verletzung nur schwer entzündet werden können, dass sie jedoch anfällig für eine schnelle Entzündung sind, die mit einer Konstitutionsstörung einhergeht, wann immer irritierende Flüssigkeiten in ihre Hohlräume gelangen.

III. Wenn die Hauptvenen in einem Teil verstopft sind, ist es natürlich anzunehmen, dass Veränderungen in den kleineren Venen, die sie versorgen, hervorgerufen werden. Diese Veränderungen sind in einem ausgeprägteren Ausmaß zu erwarten, wenn die Obstruktion auf der Gerinnung des Blutes beruht, als wenn sie aus anderen Gründen entsteht, da sich das Gerinnsel gewöhnlich auf mehrere Venen gleichzeitig ausdehnt.

Bei den an Tieren durchgeführten Experimenten war es eine Überraschung, dass bei der Injektion reizender Flüssigkeiten in die Venen zwar extreme Schmerzen auftraten, bei ähnlichen Experimenten an den Arterien jedoch vergleichsweise wenig oder gar kein Leiden hervorgerufen wurde . Die in diesen Fällen eingebrachten Fremdstoffe würden wahrscheinlich wie in den bereits erwähnten Fällen eine Blutgerinnung bewirken. Wenn dies in einer Arterie geschehen würde, wäre die Blutversorgung unterhalb der Obstruktion verringert; wenn es sich jedoch um eine Vene handelt, wird der Blutrückfluss verhindert: Im letzteren Fall würde der fortgesetzte Blutzufluss zu der Stelle notwendigerweise die Kapillaren erweitern.

Bei dem Experiment von M. Cruveilhier [14] , bei dem er Tinte in die Venen von Hunden injizierte, stellte er fest, dass innerhalb von sechsunddreißig Stunden die Beine anschwollen und eine Reihe blutiger Flecken (*foyers apoplectiques*) in der Substanz der Muskeln und Muskeln gefunden wurden das Zellgewebe der Extremität. Die großen Venen waren durch anhaftende

Blutgerinnsel erweitert, und auch die kleineren Venen rund um die lividen Stellen waren mit geronnenem Blut gefüllt. Wenn man das Tier am Leben ließ, eiterten die verstopften Stellen. Die dadurch in den Muskeln und dem Zellgewebe der Gliedmaßen hervorgerufenen Erscheinungen waren offensichtlich nicht die einer entzündlichen Wirkung, die sich entlang der Venenhülle fortpflanzte, denn die Erkrankung in den Kapillaren war umschrieben und endete an vielen Stellen abrupt, so dass die Venen in der unmittelbaren Nähe blieben Nachbarschaft vollkommen gesund; noch weniger konnte das erzeugte Erscheinungsbild davon abhängen, dass die injizierte Flüssigkeit (entgegen dem Verlauf des Kreislaufs) ihren Weg durch die Venen zum Kapillarsystem findet; und schließlich konnte es auch nicht davon abhängen, dass die Tinte ihren Weg in die allgemeine Zirkulation fand und ihre Wirkungen auf ihrem Weg ein zweites Mal durch das Glied hervorbrachte; denn ganz zu schweigen davon, dass die Kapillaren der Lunge und anderer Teile gleichermaßen betroffen sein könnten, wird eine wesentliche Bedingung für den Erfolg des Experiments darin erwähnt, dass die injizierte Flüssigkeit nicht entlang der Vene in das Innere *gelangen* sollte der übliche Verlauf des Blutes. Wir schlussfolgern daher, dass es die Gerinnung des Blutes in den großen Venen war, die die Verstopfung der Kapillaren verursachte, während die Venen, die ihren Inhalt durch einen Seitenkanal abgeben konnten, davon unberührt blieben.

In Fällen von Phlegmasia dolens nach der Geburt kann manchmal das gleiche Prinzip verfolgt werden; So wurden bei einer von Herrn Lawrence durchgeführten Dissektion [15] die äußeren und gemeinsamen Beckenvenen mit einer Substanz gefüllt, die dem laminierten Koagulum eines Aneurysmas ähnelte. „Der Schlauch war durch diese Substanz vollständig verstopft und haftete so fest wie das Koagulum an jedem Teil eines alten Aneurysmasacks. In seiner Mitte befand sich ein Hohlraum, der etwa einen Teelöffel dicker Flüssigkeit von Eiterkonsistenz und hellbraunroter Farbe enthielt Tönung und breiartiges Aussehen. Die Oberschenkelvene war in diesem Fall ebenfalls mit einem Koagulum gefüllt; aber wie aus dem Bericht über die Dissektion hervorgeht, könnte die rote Farbe dieser Vene durch das Gerinnsel überall dort verursacht worden sein, wo sie in Kontakt war, und kann daher nicht als Beweis einer Entzündung angesehen werden.

Herr Guthrie [16] hat einen Fall einer Venenentzündung nach Amputation veröffentlicht, die einer Phlegmasia dolens ähnelte und bei der die Venen der gegenüberliegenden Extremität, sogar bis zum Fuß, betroffen waren. In diesem Fall begann am vierzehnten und fünfzehnten Tag nach der Amputation des rechten Oberschenkels das linke Bein anzuschwellen und verursachte unerträgliche Schmerzen. „Die Schwellung war elastisch und gab dem Druck des Fingers nach, ähnelte aber in keiner Weise einer ödematösen Gliedmaße. *Bei einer sorgfältigen Untersuchung konnte man im Verlauf der*

Darmbeingefäße auf dieser Seite keine Schmerzen spüren ; der Stumpf sah bis auf eine Ausnahme gut aus." an einem kleinen Punkt, der dem Ende der Oberschenkelvene entspricht. Bei der Untersuchung nach dem Tod war der Abschluss der Vene an der Oberfläche des Stumpfes *offen* und in einem schlammigen Zustand. In der linken Leiste war die Beckenvene stark mit Eiter erweitert. Sir Henry Halford [17] hat auch drei Fälle von etwas erwähnt, das er als Phlegmasia dolens bezeichnete und bei Männern auftrat. In einem Fall wurde festgestellt, dass die Vena iliaca nach dem Tod obliteriert war. In diesem Fall litt der Patient mehrere Jahre vor seinem Tod an einer Schwellung des linken Beins und Oberschenkels. Im Inneren des verödeten Gefäßes befindet sich ein Koagulum, das seine Farbe verloren hat und fest geworden ist und vollständig an der Innenfläche der Vene haftet. (Siehe Prep. Nr. 1732, Path. Mus. Coll. of Surgeons.) Die schnelle Schwellung und der allgemeine Schmerz der Gliedmaßen weisen in solchen Fällen auf eine plötzliche Durchblutungsstörung hin, während im Verlauf der Gefäße keine Empfindlichkeit vorhanden ist In den ersten Stadien der Krankheit zeigt sich tendenziell, dass der Inhalt der Gefäße und nicht die Gefäße selbst in erster Linie an ihrer Entstehung interessiert sind.

Die vorstehenden Bemerkungen erschienen notwendig, um einen von Hunter erwähnten Umstand zu erklären, auf den spätere Autoren erheblichen Wert legten. Herr Hunter beobachtete, dass die gesamte Seite des Kopfes bei Pferden, denen Blut entnommen wurde, häufig anschwoll und sich entzündete. Die Erklärung dieser Tatsache erscheint sehr einfach, wenn man sie in Bezug auf das allgemeine Prinzip betrachtet, das in den oben genannten Fällen veranschaulicht wurde. Das Pferd hat auf jeder Seite nur eine Halsschlagader; und obwohl bei der üblichen Blutungsoperation der Kanal nicht verstopft ist, gerinnt der Inhalt doch, wenn die Wunde nicht leicht heilt . Der Kreislauf wird dann in allen entfernten Zweigen blockiert sein, und das Blut wird, wenn es lange zurückgehalten wird, auch in ihnen gerinnen. Dann wird es sein Serum abgeben und alle Entzündungssymptome in den entfernten Gefäßen hervorrufen; Eine breiige elastische Schwellung, begleitet von starken Schmerzen, wird dann das Hauptsymptom sein, während die Schwellung an der Oberfläche geringer sein wird als dort, wo die oberflächlichen Venen mechanisch komprimiert wurden. Es kommt jedoch sehr häufig vor, dass sich eine Vene an einer Stelle aufgebläht fühlt, ohne dass Anzeichen einer Entzündung vorhanden sind; und in anderen Fällen treten die Schmerzen und Schwellungen zu schnell auf und verschwinden wieder, als dass man vermuten könnte, dass sie auf einer Entzündung der Venenhülle beruhen. Dem Autor ist aufgefallen, dass er zu Lebzeiten eine Vene im Arm und in der Hand gespürt hatte und sie nach dem Tod leer vorfand, und dass ihre Hüllen ihre natürliche Farbe und Dicke hatten; in einem solchen Fall gibt das Gerinnsel nach, zerfällt und vermischt sich mit dem zirkulierenden Blut.

IV. Wenn Eiter oder eine andere erkrankte Flüssigkeit in der Höhle einer Vene eingeschlossen ist, sind die hervorgerufenen konstitutionellen Symptome verhältnismäßig mild, solange sie durch anhaftende Gerinnsel begrenzt und umschrieben bleiben; das heißt, um vom Rest des Kreislaufsystems ausgeschlossen zu sein. (Vergleichen Sie die Häufigkeit der Atmung in den Experimenten VI und VII.) Ein Blutgerinnsel hat jedoch die Tendenz, sich zusammenzuziehen; und es kommt eine Zeit, in der das Gerinnsel entweder aufgelöst wird oder schrumpft, so dass, wenn keine weiteren Veränderungen hervorgerufen werden, der Blutfluss durch die Vene wiederhergestellt wird. [18] Mittlerweile haben sich jedoch die Hüllen der Venen entsprechend dem Grad der Reizung, die durch die enthaltenen Flüssigkeiten hervorgerufen wird, und der Absicht oder dem Ergebnis, auf das die Entzündung abzielt, verändert. Wenn die Gerinnsel längere Zeit bestehen geblieben sind, findet man die Hüllen der Venen immer verdickt, manchmal auf das Drei- oder Vierfache ihrer natürlichen Dicke, manchmal so, dass sie die Gefäße vollständig veröden. Gelegentlich findet man, dass der Inhalt der Venen, soweit ersichtlich, einfach aus geronnenem Blut besteht; zu anderen Zeiten findet man sie mit weichen, gelblichen Gerinnseln gefüllt, denen ihr Farbstoff mehr oder weniger vollständig entzogen ist; seltener findet man die Höhle einer Vene mit dunkel gefärbten Membranschichten gefüllt, so dass noch ein Kanal durch das Gefäß verbleibt; und gelegentlich wird es vollständig durch „dichte, dunkel gefärbte, bläuliche Membranen" verstopft sein.

Wenn sich das Gerinnsel in einer Vene zusammenzieht und das Gefäß veröden soll, werden seine Seiten allmählich angenähert. In den kleineren Venen und in den geteilten Enden großer Venen sind die Seiten bald vollständig zusammengezogen. Aber letztere können, wenn sie nicht verwundet sind, für lange Zeit (siehe Prep. 1732, Path. Mus., Coll. of Surg.) geronnenes Blut in ihren kontrahierten, aber nicht vollständig geschlossenen Hohlräumen zurückhalten. In beiden Fällen besteht die Gefahr, dass die Blutgerinnsel, die die Venen verschließen, versehentlich verschoben werden oder dass sich ihre Verwachsungen durch die Veränderungen, die sie erfahren, lösen. Die Lage einer Vene und die Struktur des Organs, durch das sie verläuft, können für ihre gesunde Wiederherstellung ungünstig sein. Der Reparaturprozess findet häufig statt, während der Blutfluss über das betroffene Teil andauert, und manchmal auch während der ständigen Aktivität der Muskeln in der Umgebung: In anderen Fällen befindet sich eine verletzte Vene direkt in der Biegung eines Gelenks und wird auch dort verletzt Sie müssen mit den Bewegungen der Gliedmaßen ständig gebeugt und gestreckt werden. In der Struktur der Knochen liegen die Venen in unnachgiebigen Kanälen und sind daher während des Reparationsvorgangs der Unterstützung beraubt, die sich aus der Annäherung ihrer Seiten, wie in Weichteilen, ergibt. Da sich in einem solchen Fall die Blutgerinnsel zusammenziehen, besteht die Gefahr, dass die ursprünglich beabsichtigte Verbindung gestört wird und die Hohlräume der verletzten Venen frei bleiben.

Auch im nicht kontrahierten Uterus nach der Geburt verlaufen die Venen, die sich auf der Plazentaoberfläche öffnen, durch die feste Struktur des Organs und können sich unabhängig von der sie umgebenden Muskelstruktur nicht zusammenziehen. Die Koagula, die ihre Extremitäten verschließen, schützen sie vor dem Eindringen jeglicher Fremdkörper; Sollten diese Gerinnsel jedoch entfernt werden, bevor die Gefäße anderweitig geschützt werden, sind ihre offenen Münder den Sekreten ausgesetzt, die sich möglicherweise in der Gebärmutter befinden. Wenn in diesen Fällen ein Gerinnsel nicht fest gebildet ist oder wenn es durch Gewalt verschoben wird, kann es aufbrechen und Teile davon mit dem flüssigen Blut vermischen. Nachfolgende Gerinnsel können sich in den Venen bilden und neue Hindernisse für den Zutritt von Fremdkörpern darstellen, diese können jedoch, wie im ersten Fall, im Laufe der Zeit gestört und zusammen mit etwaigen Beimischungen der Sekrete des betreffenden Teils transportiert werden der Kreislauf. Der Zeitraum, in dem sich die Verbindung eines Blutgerinnsels in einer Vene auflöst, wird manchmal mit großer Präzision markiert. In einem von Dr. Davis aufgezeichneten Fall [19] erholte sich ein Patient von einem Anfall von Phlegmasia dolens, als der Tod augenblicklich eintrat, während der Patient gerade dabei war, die sitzende Haltung in die liegende Haltung zu wechseln; Die linke äußere Beckenvene war verdickt und ihre innere Tunika war an mehreren Stellen mit Ablagerungen anhaftender Lymphe übersät. Der Bereich, der für diese Verkrustung, wie auch für andere Krankheiten, am bemerkenswertesten war, befand sich unmittelbar unter dem Poupart-Band; Die Vene war zwar kontrahiert, aber *offensichtlich durchlässig* .

V. In den vorangegangenen Abschnitten wurde gezeigt, dass mit dem Blut vermischte Sekrete seine Eigenschaften verändern und die Dauer seiner Gerinnung beeinflussen: dass das Blut, wenn es auf diese Weise verändert ist, durch ein Gefäß passieren kann, ohne Spuren davon zu hinterlassen Passage; Wenn es jedoch gerinnt und in einer Vene verbleibt, werden die Gefäßwände eine verstärkte Wirkung entfalten. Die erregende Ursache der Entzündung scheint in solchen Fällen über den Inhalt der Gefäße auf die Gefäße selbst übertragen zu werden. Aber da bei Obduktionen die in den Gefäßen hervorgerufenen Veränderungen viel leichter zu erkennen sind als die Veränderungen in ihrem Inhalt, haben erstere in den letzten Jahren fast ausschließlich die Aufmerksamkeit der Pathologen in Anspruch genommen. Die Fälle, in denen konstitutionelle Symptome auf eine Venenentzündung folgen, lassen sich hauptsächlich in drei große Klassen einteilen. 1. Diejenigen, bei denen eine der größeren Venen geöffnet wurde. 2. Diejenigen, bei denen ein Teil des Knochens an der ursprünglichen Läsion beteiligt war. 3. Diejenigen, die nach der Geburt auftreten.

In jeder dieser drei Fallklassen besteht eine freie Kommunikation zwischen dem geschädigten Teil und dem allgemeinen Verkehr. Die natürliche Art und Weise, diese Verbindung zu versiegeln, wenn sie nicht mehr ordnungsgemäß ist, ist die Gerinnung des Blutes in den Venen des verletzten Teils. Wenn diese Absicht aufgrund einer konstitutionellen Erkrankung oder einer lokalen Besonderheit der Struktur nicht erfüllt wird, bleibt ein leichter Durchgang offen, durch den das Blut infiziert werden kann. Wenn Eiter in die Venen injiziert wurde, kam es häufig vor, dass keine große Konstitutionsstörung und keine Anzeichen einer sekundären Entzündung hervorgerufen wurden; Es wird jedoch angenommen, dass dies darauf zurückzuführen ist, dass die Gerinnsel in den Venen verhindert haben (was wahrscheinlich in den Experimenten VII und VIII DER FALL WAR), dass die Fremdstoffe ihren Weg entlang der Gefäße fanden. Wenn diese Behinderung jedoch nicht angeboten oder überwunden wird, wird das Auftreten einer sekundären Entzündung, begleitet von entsprechenden konstitutionellen Symptomen, hervorgerufen.

Wenn Wasser in die Spongiosastruktur des Knochens injiziert wird, gelangt es tropfenweise durch die Öffnungen der nährenden Gefäße nach außen. Die so gezeigte leichte Verbindung, die zwischen dem Inneren der Knochen und den Venen besteht, ist nur allzu oft durch M. Cruveilhiers Experimente veranschaulicht worden, bei denen er Quecksilber in ihre Spongiosastruktur einführte und es anschließend im Gefäßsystem auffand. Diese Tatsache gewinnt besondere Bedeutung, wenn man sie mit der sehr großen Anzahl von Fällen in Verbindung bringt, in denen bei denjenigen, die an sekundären Entzündungen gestorben sind, festgestellt wird, dass einige Teile des Knochens an der primären Läsion beteiligt waren. Von zweiundfünfzig aufeinanderfolgenden Fällen, die in der chirurgischen Krankenhauspraxis auftraten und von denen ich Notizen aufbewahrt habe, war in nicht weniger als einundvierzig ein Teil des Knochensystems betroffen.

Auch in der oben erwähnten dritten Klasse von Fällen gelangt die Injektion, wenn sie nach der Geburt in die Hohlvene injiziert wird, sehr schnell in die Gebärmutter. [20] Die so gezeigte leichte Kommunikation zwischen dem Gefäßsystem und der lokalen Erkrankung in jeder der drei großen Klassen von Fällen, die normalerweise zu einer Folgeerkrankung führen, würde für sich genommen zumindest einen sehr bemerkenswerten Zufall ermöglichen. Es liegen jedoch direktere Beweise für die Art und Weise vor, in der das System bei diesen Erkrankungen kontaminiert wird: So wurde nach einer Operation wegen Hämorrhoidentumoren ein Erguss von Lymphe und Eiter in den Hämorrhoidenvenen festgestellt, [21] daher ^{derselbe} Anschein wurden auf die untere Mesenterialvene zurückgeführt, und die Schwere der sekundären Erkrankung, die sowohl durch die Symptome als auch durch die Obduktion angezeigt wird, betraf die Leber. Diese Umstände deuten alle darauf hin, dass das Venensystem das Mittel ist, durch das in solchen Fällen krankhafte Stoffe eingeführt werden; und die noch schlüssigeren Tatsachen, die sich bei der Entstehung sekundärer Krankheiten durch die Injektion von Flüssigkeiten in die Venen ergeben, [22] lassen kaum eine ^{Aussage} zu Es besteht kein Zweifel daran, dass die ungeschützten Venen in einem sehr großen Teil der Fälle die Kanäle sind, durch die das Blut infiziert wird.

VI. Die Spongiosastruktur des Knochens kann mit dem Zellgewebe in Weichteilen verglichen werden. Bei einer Entzündung füllen sich seine Zwischenräume durch Ergüsse aus den Gefäßen, und ein Abscess kann sowohl in den harten als auch in den weichen Strukturen des Körpers genau umschrieben werden. Bei einer gesunden Konstitution wird auf diese Weise die adhäsive Entzündung immer der eiternden vorangehen; Wo aber die Entzündung nicht durch Adhäsion begrenzt ist, können die Sekrete in nicht anhaftenden Teilen von Zelle zu Zelle dringen. Bei weichen Strukturen gibt es ein Mittel, um das Entweichen der Materie durch eine freie Teilung der Teile zu ermöglichen; aber im Knochen, wo das Gleiche geschieht, bieten die harten, unnachgiebigen Seiten ein wirksames Hindernis für den Austritt jeglicher ausgegossener Flüssigkeit. Die Zellen des Knochens können dann infiltriert werden, und wenn die Venen des Teils nicht verschlossen sind, hindert nichts die erkrankten Sekrete daran, ihren Weg in den Kreislauf zu finden.

M. Cruveilhier versichert uns, dass ein einzelner Tropfen Quecksilber, der in die spongiöse Struktur des lebenden Knochens gelangt, anschließend in den Kapillaren der Lunge nachgewiesen werden kann, wo er zum Mittelpunkt eines oder mehrerer Flecken livider Kongestion wird. Dieses Experiment scheint ein perfektes Beispiel dafür zu sein, wie erkrankte Sekrete in den Kreislauf befördert werden können, wenn die natürlichen Reparaturprozesse im Knochen fehlschlagen. Diese Prozesse sind im Knochen die gleichen wie in den anderen Körperstrukturen; nämlich Vereinigung durch die erste Absicht und adhäsive Entzündung. In weichen Teilen kollabieren die geteilten Venen und bleiben so geschlossen, wenn das Fibrin, das in den ersten Teilen das Verbindungsband bildet, absorbiert wird. aber in knöchernen Strukturen, wo die verletzten Gefäße offen gehalten werden, wenn das Fibrin entfernt wird, das ursprünglich ihre Extremitäten verschlossen hat, können ihre Kanäle für die erkrankten Sekrete des Teils ebenso offen bleiben wie für die Quecksilberkügelchen in M. Cruveilhiers Experiment.

Der geringe Organisationsgrad des Knochens und die vergleichsweise Langsamkeit, mit der dort Vorgänge ausgeführt werden, machen ihn in besonderem Maße anfällig für Unterbrechungen im Reparaturprozess; Besonders wenn, was nicht selten vorkommt, Grund zu der Annahme besteht, dass die Vitalität eines Teils des Knochens gefährdet ist. Der üble Geruch des Knochens sowie das mit puriformem Material infiltrierte Erscheinungsbild seiner Spongiosastruktur werden in solchen Fällen häufig zeigen, dass die oben genannten Prozesse nicht ihrem natürlichen Verlauf gefolgt sind.

VII. Als notwendige Schlussfolgerung aus den begleitenden Experimenten und denen von M. Cruveilhier, auf die im vorigen Abschnitt hingewiesen wurde, kommen wir zu dem Schluss, dass ein verunreinigter Zustand des Blutes zu einer Entzündung der Venen in verschiedenen Teilen des Körpers führen kann . Die Umstände, die gelegentlich mit der Wiederherstellung der Gebärmuttervenen nach der Geburt einhergehen, werden zu derselben Schlussfolgerung führen; und derselbe allgemeine Vorschlag wird aus der Betrachtung dieser Art von Fällen neue Unterstützung erhalten.

Die Venen, die auf der Plazentaoberfläche des Uterus enden, sind notwendigerweise offen, wenn dieses Organ ausgedehnt wird, und werden mehr oder weniger vollständig geschlossen, wenn es sich zusammenzieht. In Fällen, in denen die Kontraktion unvollständig ist, bleiben unzählige Körperöffnungen mit offenem Mund in Sekreten gebadet, die oft anstößig sind und sich zersetzen; Der natürliche Schutz der Gefäße ist dann die Gerinnung des Blutes in ihnen. Bei der Untersuchung stellt man fest, dass die Gebärmuttervenen über eine gewisse Entfernung mit Gerinnseln gefüllt sind. Aber in Fällen, in denen diese Fähigkeit beeinträchtigt ist, können alle kürzlich von der Plazenta getrennten Uterusvenen und -arterien in den Sekreten des Teils unter für ihre Absorption günstigsten Umständen umspült sein . Der Abgang erkrankter Sekrete durch die Gefäße ist bei dieser, ebenso wenig wie bei den anderen Krankheitsformen, nicht immer nachweisbar. Viele der von M. Gaspard künstlich in den Kreislauf eingeführten Substanzen hatten keine Wirkung auf die Hüllen der Venen, durch die sie strömten, und doch waren die allgemeinen Symptome denen einer echten Venenentzündung genau ähnlich. In Übereinstimmung damit lässt sich beobachten, dass die Uterusvenen oft vollkommen gesund sind, während die Samen-, Nieren- oder noch weiter entfernt liegenden Venen völlig desorganisiert sind. In beiden Fällen verbietet der gesunde Zustand der Venen in der Nähe der ursprünglichen Läsion die Vorstellung, dass sich die Entzündung entlang der Gefäßwände ausgebreitet hat, während alle Analogien dafür sprechen, dass die Krankheit durch ihren Inhalt übertragen wird.

In einer bestimmten Anzahl von Fällen wird in keiner der Körpervenen eine Läsion festgestellt, sondern es wird festgestellt, dass die Gebärmuttervenen unnatürliche Flüssigkeit enthalten. ein anderes Mal findet man Blutgerinnsel, die ihre Elastizität verloren haben, sich körnig anfühlen und gräulich oder hellbraun aussehen, und die die Venen füllen oder Zwischenräume hinterlassen, in denen Lymphe oder Eiter zu erkennen ist. Es spielt keine Rolle, ob die unnatürlichen Flüssigkeiten, die sich so in den Gebärmuttergefäßen befinden, aus der Gebärmutterhöhle aufgenommen wurden oder das Produkt einer Venenentzündung sind. Die Wirkung auf das Blut wäre in beiden Fällen die gleiche.

Wenn sich in den Samenvenen Verstopfungen bilden, sind sie nicht durch äußere Symptome erkennbar; wenn aber die Venen, die in den inneren Darmbeinbereich münden, in ähnlicher Weise betroffen sind, besteht die Gefahr, dass sich die Blutgerinnsel in dessen Höhle und sogar darüber hinaus bis zu den äußeren und gemeinsamen Darmbeingefäßen ausbreiten. Der freie Rückfluss des Blutes aus der unteren Extremität wird dann verhindert. Die Auswirkungen hiervon wurden bereits beschrieben (Abschnitt III.)

Der Zusammenhang dieser Krankheitsform mit Erkrankungen in entfernten Körperteilen wurde von mehreren bedeutenden Schriftstellern bemerkt. Legallois hat seine Überzeugung zum Ausdruck gebracht, dass Phlegmasia dolens, Wochenbettfieber und viele andere Wochenbettbeschwerden ausschließlich von der Aufnahme von Eiter aus der Uterusoberfläche abhängen. Diese Meinung scheint auf einer zu voreiligen Verallgemeinerung entstanden zu sein, da andere Flüssigkeiten außer Eiter, wie einige der beigefügten Experimente beweisen, ähnliche Wirkungen auf das Blut hervorrufen können. Aber dass Eiter, wenn er absorbiert wird, die Gerinnung des Blutes sowohl im Darmbein als auch in anderen Venen bestimmt, muss man hinnehmen; und dass die Symptome einer verstopften venösen Zirkulation, die aus dieser Ursache resultieren, denen der Phlegmasia dolens genau ähneln werden, lässt sich kaum leugnen.

„Neben Eiterablagerungen in bestimmten Teilen des Körpers", bemerkt Dr. Ferguson, „habe ich zwei weitere Zustände der Gliedmaßen gesehen, die mit der Ursache des Wochenbettfiebers in Zusammenhang stehen und auf diese zurückgeführt werden können. Bei einem davon sieht die Krankheit wie folgt aus : Erysipel...; im anderen Fall wird das Bein von einer Krankheit befallen, die der Phlegmasia dolens so sehr ähnelt, dass für mich kein Zweifel besteht, dass es sich um ein und dieselbe Krankheit handelt. Bei dieser, wie auch bei anderen Formen der Krankheit, Es besteht möglicherweise eine Neigung zu Hautbrand."

Der Zeitraum des Auftretens dessen, was unter dem Namen Uterusphlebitis beschrieben wurde, ist sehr genau markiert, und die Erkrankung des Systems ist oft allgemein und plötzlich. Als Ergebnis aller bisher gemachten Beobachtungen lässt sich festhalten, dass sie am häufigsten vom 10. bis 20. Tag nach der Geburt auftritt. [23] Wenn sich die Entzündung in solchen Fällen nur entlang des Gefäßes ausbreitete, wäre es schwierig, eine solch scheinbar kapriziöse Wahl des Zeitpunkts für ihre Entwicklung zu erklären. Diese Schwierigkeit verschwindet jedoch, wenn man beobachtet, dass die Periode so streng mit dem Zeitpunkt übereinstimmt, zu dem die gleichen Symptome nach anderen lokalen Beschwerden auftreten, und dass es sich darüber hinaus natürlicherweise um den Zeitpunkt handelt, zu dem sich die Gerinnsel in den Venen bildeten mit einem Rückgang zu rechnen.

Es wurde beobachtet, dass Entzündungen nach der Geburt meist nur die Samenvenen befallen, und zwar zumeist nur auf der Seite der Gebärmutter, an der die Plazenta befestigt war. Die Unterbauchvenen sind vergleichsweise selten betroffen. Die bei der Dissektion in der Samenvene beobachteten Erscheinungen enden gewöhnlich abrupt an der Mündung in die Hohlvene auf der rechten Seite oder in die Nierenvene auf der linken Seite. Diese Tatsache stimmt vollkommen mit der Beobachtung von Mr. Arnott überein, dass sich das Gerinnsel in Venen gewöhnlich nur bis zum nächsten Seitenast erstreckt; Die Erklärung scheint in beiden Fällen dieselbe zu sein, wie Experiment VI ZEIGT . Wenn das gerinnende Blut ungestört bleibt, wird es an den Seiten des Gefäßes Verwachsungen bilden und eine verstärkte Wirkung in seinen Hüllen hervorrufen; Wenn es jedoch mechanisch gestört wird, wird es weitergetragen, bevor der Koagulationsprozess abgeschlossen ist, und die Vene bleibt in ihrem natürlichen Zustand. Wenn ein Teil einer Vene verstopft ist, bleibt das Blut zwischen der Verengung und dem nächsten Seitenast in Ruhe; und wenn man zur Gerinnung geneigt ist, gibt es nichts, was einer solchen Aktion im Wege stehen könnte. Anders verhält es sich jedoch, sobald eine Ader in eine andere mündet. Ein frischer Blutstrom strömt dann fortwährend durch die Öffnung des verstopften Gefäßes; und obwohl das Blut an dieser Stelle zur Gerinnung neigen sollte, wird es doch im Kreislauf weitergeführt, bevor es an den Seiten der unverstopften Vene anhaften kann. Das plötzliche Aufhören der Krankheitserscheinungen in diesen Fällen liefert einen zusätzlichen Beweis dafür, dass das Blut das Medium ist, durch das diese Erkrankung übertragen wird. Es ist wahr, dass in solchen Fällen die erkrankte Flüssigkeit nicht immer oder auch nur allgemein in den Venen zurückverfolgt werden kann, und es kommen sehr viele Fälle vor, in denen eine zurückgebliebene und faulige Plazenta oder sich zersetzende Gerinnsel in Kontakt mit den Mündungen der Gebärmuttervenen bleiben. ohne dass irgendwelche Symptome einer lokalen Venenentzündung auftreten; Dies stimmt jedoch nur mit dem überein, was in Fällen beobachtet wird, in denen eitrige oder andere Flüssigkeiten direkt in das Blut injiziert wurden. Die Untersuchung des Blutes oder in solchen Fällen der Gefäße wird keineswegs immer auf das Vorhandensein von Fremdkörpern hinweisen, nachdem diese sich einmal gründlich mit dem Blut vermischt haben, und auch nicht auf eine Entzündung der Vene, durch die die Flüssigkeit fließt mit welchen Mitteln auch immer hergestellt.

Wenn eine fremde Substanz in eine Arterie eingeführt wird, können unmittelbare Auswirkungen auf das Blut natürlich in dem von ihr versorgten Kapillarsystem gesucht werden. Wenn das Blut dann gerinnt, kommt es zunächst nur zu lokalen Symptomen, die Konstitution bleibt jedoch unberührt. M. Magendie [24] behauptet in der Tat, dass in die Arterien von Tieren injizierte Flüssigkeiten schnell durch die entsprechenden Venen zurückkehren und dass dies im lebenden Körper noch schneller vor sich geht als im toten Körper. Wenn dies allgemein wahr wäre, würde es kaum eine Rolle spielen, ob Fremdkörper in das arterielle oder venöse System gelangen . Die Auswirkungen auf die Verfassung wären in beiden Fällen die gleichen. Wenn aber, wie jetzt behauptet wird, in das Blut eingebrachte Fremdstoffe unter bestimmten Umständen dessen Gerinnung hervorrufen können, dann bleiben die Wirkungen mehr oder weniger vollständig auf das erste Kapillarsystem beschränkt, auf das das Blut im natürlichen trifft im Verlauf ihres Umlaufs, und die Verfassung wird nur infolge der dann stattfindenden Änderungen berührt. M. Gaspard hat gezeigt, dass fettige Flüssigkeiten und solche, die Sedimente enthalten, nicht ohne weiteres ihren Weg von den kleinen Arterien in die Venen finden. Sie verfangen sich in den Zwischenkapillaren und erzeugen dort zunächst örtlich verstopfte Stellen und anschließend seröse Ergüsse und Abszesse. Einige klare Flüssigkeiten hingegen, wie Lösungen von Brechweinstein, Opium und Nux vomica, passieren, wenn sie in eine Arterie eingeführt werden, leicht den Kreislauf und entfalten ihre volle Wirkung auf die Konstitution; und in solchen Fällen zeigt sich keine Reizung in den Kapillaren, durch die sie verlaufen. Das erste dieser Gifte erzeugt Erbrechen und Spülen, das zweite Stupor und das dritte tetanische Starre, genau auf die gleiche Weise, als ob sie in den Magen eingeführt oder in eine Vene injiziert worden wären.

Es gibt noch eine weitere Substanzklasse, die sich in ihrer Wirkung von den beiden erstgenannten unterscheidet; und unter dieser Rubrik werden Tabakaufgüsse, Bleiacetatlösungen, faulige Flüssigkeiten usw. klassifiziert. Diese unterscheiden sich von der oben erwähnten ersten Klasse dadurch, dass sie an sich kein mechanisches Hindernis für die Blutzirkulation darstellen, und von der zweiten , da bei Injektion in eine Arterie nicht die gleichen konstitutionellen Symptome auftreten wie bei Injektion in eine Vene. M. Gaspard fand heraus, dass der Tabakaufguss, wenn er in eine Arterie eingeführt wird, weder Erbrechen noch Benommenheit hervorruft, dass die Lösung von Bleiacetat keine Wirkung auf den Darm hat und dass die fauligen Flüssigkeiten nicht die Entleerungen hervorrufen, die normalerweise nach ihrer Einführung beobachtet werden das System mit anderen Mitteln. Es wurde jedoch festgestellt, dass alle diese Substanzen eine heftige lokale Reizung in den Teilen hervorrufen, zu denen die Äste der injizierten Arterie verteilt waren, und die konstitutionellen Symptome waren diejenigen, die als Folge der lokalen Reizung hervorgerufen wurden, und nicht diejenigen, die direkt daraus entstehen würden Wirkung dieser Gifte auf das System.

Im Experiment XX wurden sieben bis acht Kubikzoll gewöhnliche Luft nach und nach in die Halsschlagader eines Hundes injiziert, und eine halbe Stunde später wurde eine Unze Wasser, dem siebzig Tropfen medizinische Blausäure zugesetzt worden waren, hineingeworfen Schiff; Keine der besonderen Wirkungen des Giftes folgte dieser Operation. Nach Ablauf einer weiteren Viertelstunde wurde ebenfalls eine Unze einer gesättigten Lösung von Nux vomica injiziert, immer noch ohne irgendwelche konstitutionellen Symptome hervorzurufen. Es ist bei diesem Experiment sehr bemerkenswert, dass M. Gaspard [25] davon ausgegangen sein sollte, dass die Elastizität der in den Gefäßen enthaltenen Luft ausreichte, um dem Impuls des Blutes entgegenzuwirken und so das Fortschreiten des Giftes entlang der Gefäße zu verhindern , vor allem, als er anmerkt, dass bei einer Obduktion die kleineren Gefäße offenbar *durch sehr harte Blutgerinnsel verstopft waren* .

EXPERIMENT I.

(*ein*). Am 25. September 1848, nachdem ich vier kleine Gefäße gleicher Größe besorgt hatte, gab ich in das erste etwas verdünnte Schwefelsäure, in das zweite etwas übelriechenden Eiter und in das dritte etwas Wasser. Das vierte Gefäß blieb leer. Dann wurden sie alle gleichmäßig erwärmt, und in jeden von ihnen wurde etwas Blut aus der Halsschlagader eines gesunden Pferdes eingeleitet, um sie bis zur gleichen Höhe zu füllen. Sie wurden nun mit einzelnen Holzstücken gerührt. Nach Ablauf von zwei Minuten (von einer Uhr angezeigt) war der Inhalt des zweiten Gefäßes zu einer einheitlichen Masse geronnen. Der Inhalt des ersten Gefäßes (das die Säure enthielt) war verdickt und hatte eine dunkelbraune Farbe; Im dritten und vierten Becher hatte das Blut seine natürliche Fließfähigkeit, war aber im Becher mit Wasser dunkler gefärbt als im anderen. Nach Ablauf von zehn Minuten begann das im vierten Becher enthaltene Blut zu gerinnen; Blut und Wasser blieben noch flüssig. Nach Ablauf einer Viertelstunde war das Blut im vierten Becher, der nur noch Blut enthielt, vollständig geronnen; und war im dritten Becher, der Blut und Wasser enthielt, teilweise geronnen.

(*b*). Es wurden vier Gefäße mitgenommen, von denen jedes drei Flüssigunzen fassen konnte. In die erste Hälfte wurde eine halbe Unze kaltes Wasser gegeben, in die zweite halbe Unze verdünnte Schwefelsäure und in die dritte Hälfte eine Drachme Eiter, der ganz frisch und süß war. Anschließend wurden alle Gefäße schnell mit Blut gefüllt, und zwar aus der Halsschlagader eines Pferdes. Der Inhalt jedes Gefäßes wurde gerührt. Das Blut und die verdünnte Schwefelsäure wurden dick und veränderten fast sofort ihre Farbe, wie im ersten Experiment, gerinnten jedoch nicht. Der Eiter und das Blut koagulierten innerhalb von sechs Minuten und die Masse war innerhalb von sieben Minuten fest. Das reine Blut koagulierte in zwölf Minuten und war in sechzehn Minuten fest. Blut und Wasser gerinnten ungefähr zur gleichen Zeit, es dauerte jedoch neunzehn Minuten, bis sie fest wurden.

Die obigen und die folgenden Experimente wurden auf Vorschlag des Autors in Zusammenarbeit mit Herrn TW Mayer, [26] Tierarzt, durchgeführt.

EXPERIMENT II.

In der Leiste wurde ein Abszess eröffnet und eine Menge Eiter in einen Gallipot geleitet; etwas Blut aus den geteilten Gefäßen wurde ebenfalls in dasselbe Gefäß aufgenommen; Anschließend wurden sie miteinander verrührt, und innerhalb von zwei Minuten koagulierte die Masse. Etwas Blut, das demselben Patienten auf die gleiche Weise entnommen wurde, jedoch nicht mit Eiter vermischt war, koagulierte in elfeinhalb Minuten.

EXPERIMENT III.

Am 20. Januar 1849 wurde ein entzündeter und eiternder Abszess geöffnet und das daraus fließende Blut und Eiter vermischt. Sie koagulierten in zwei Minuten und zwanzig Sekunden. Dieses Experiment wurde mehrmals wiederholt, mit nahezu ähnlichen Ergebnissen.

EXPERIMENT IV.

Im Juni 1849 öffnete sich eine gespannte, entzündete Schwellung im Perinaeum eines Patienten, der jahrelang unter einer sehr hartnäckigen Striktur gelitten hatte. Zuerst entwich eine Menge Materie, und anschließend floss noch einige Zeit lang Serum, vermischt mit Lymphfetzen und kleinen Mengen Eiter und Blut. Teile dieser gemischten Flüssigkeit wurden in getrennte Gefäße aufgenommen; sie koagulierten durchschnittlich in etwa zwei Minuten.

EXPERIMENT V.

Einem gesunden Pferd wurden zwei Unzen und sechs Drachmen Blut entnommen und zwei Drachmen Eiter damit vermischt. Die Masse koagulierte in drei Minuten und drei Vierteln.

EXPERIMENT VI.

Ein gesunder männlicher Esel, drei Jahre alt, wurde beschafft und mit der Hilfe von Herrn Mayer am 23. September 1848 zum Gegenstand des folgenden Experiments gemacht. Drei Drachmen Eiter wurden aus einer Ausflussstelle entnommen Brust eines Pferdes, das unter einer Lungenentzündung litt. Der so erhaltene Eiter war ganz rein und süß, und nachdem er erwärmt worden war, wurde er mit einer Spritze in die linke Oberarmvene des Hinterns injiziert. Das Tier lag ruhig, bis fast der gesamte Eiter injiziert war; Dann kämpfte es und eine kleine Menge Eiter könnte verloren gegangen sein. Nach Abschluss der Operation wurden die Seiten der Vene mit einer Nadel zusammengehalten und das Tier durfte aufstehen. Die Ader über der Öffnung war nun als harte, unnachgiebige Schnur zu spüren, so hoch, wie man sie mit der Hand verfolgen konnte; aber als sanfter Druck ausgeübt wurde, um das Blut im Kreislauf voranzutreiben, verschwand die Verhärtung vollständig. Die Vene, die unmittelbar nach der Operation hart und hervorstehend war, bot bei Berührung nichts Auffälliges mehr. Das Tier bewegte sich nun hin und her, als wollte es sich hinlegen.

Zweieinhalb Stunden nach der Operation war der Puls, der natürlich bei 36 lag, auf 60 gestiegen; und die Atmung war von 12 pro Minute auf 26 gestiegen.

24. September. Impuls 52; Atmung 20; Mund heiß; Ohren kalt. Am Abend betrug der Puls 48 und die Atmung 16; er hustete gelegentlich.

25. Puls 48; Atmung 12; Sein Gesichtsausdruck ist etwas langweilig, aber er ist lebhaft und gelegentlich verspielt. Das linke Vorderbein ist geschwollen; Die Ohren sind sehr kalt. Am Nachmittag wurde er getötet und man ließ das Blut aus dem Körper fließen.

Obduktionen. Die Wunde im linken Bein mündete direkt in die Oberarmvene, die sowohl oberhalb als auch unterhalb der äußeren Öffnung über eine sehr kurze Strecke mit Lymphe und dünnem Eiter gefüllt war; Unmittelbar darüber war die Vene gesund, und in keiner der anderen Venen des Gliedes oder in den zum Herzen führenden Venen gab es Anzeichen einer Erkrankung. Die Drüsen in der Achselhöhle waren geschwollen. Man fand, dass die Lungen an verschiedenen Stellen unregelmäßig übersät waren und umschriebene Flecken livider Ansammlung aufwiesen; diese befanden sich sowohl auf der Oberfläche als auch in der Substanz der Lunge; Sie waren im Allgemeinen etwa so groß wie eine Haselnuss, aber an einigen Stellen besetzten sie ein einzelnes Läppchen und waren durch dessen Umriss genau umschrieben.

EXPERIMENT VII.

Am 23. November 1848 wurde etwa eine Unze vollkommen reiner Eiter
(zuvor erwärmt) in die rechte Halsschlagader eines alten Esels injiziert; Die
Vene wurde sofort „schnürig“ und das Blut schien im Gefäß geronnen zu
sein. Die Operation erregte die Atmung nicht sehr; aber der Puls, der
natürlicherweise 35 pro Minute betrug, stieg auf 60 und fiel anschließend auf
55.

24. Das Tier war niedergeschlagen; Appetit gleichgültig. Die Vene kann als
verdickter Strang bis zum Brustbein verfolgt werden. Atmung 12 (der
natürliche Standard); Puls 50.

25. Die Teile um die Vene herum sind stark mit Serum infiltriert: Puls 55;
Atmung 12.

26. Die Wunde am Hals begann zu eitern und es bildete sich anschließend
im Verlauf der Vene, etwa in der Mitte zwischen der Öffnung und dem
Brustbein, ein Abszess. Die allgemeinen Symptome hielten mit sehr geringen
Abweichungen bis zum 4. Dezember an, als das Tier getötet wurde.

Obduktionen. Es zeigte sich, dass sich die Halsvene erst im Laufe der
Zirkulation entzündete und kurz unterhalb der äußeren Öffnung obliterierte.
Die umliegenden Teile waren stark mit Serum und Lymphe infiltriert und in
der unmittelbaren Umgebung hatten sich mehrere Abszesse gebildet. Die
Lunge wies keine klar definierten Stauungsstellen auf, wie im zuletzt
genannten Experiment.

EXPERIMENT VIII.

Ein gesunder Esel, sechs Jahre alt, wurde am 16. November 1848 operiert.
Die Atmung betrug von Natur aus 14 pro Minute und der Puls 38. Ungefähr
zwei Unzen äußerst übelriechender Eiter, gewonnen aus der Stirnhöhle eines
Pferdes, wurden in die linke Halsvene injiziert; Der Eiter war vor der
Injektion unbeabsichtigt mit Wasser vermischt worden. Während der
Operation füllte sich die Vene, als ob das Blut darin halb geronnen wäre. Der
Puls betrug jetzt 60 und die Atmung 20 in einer Minute; Innerhalb von zwei
Stunden kam es zu leichten Schüttelfrost.

17. November. Das Tier ist ruhig; Appetit gut; Puls 48, klein und drahtig;
Atmung 16. Abends war er etwas aufgeregter; die Vene entzündete sich nach
unten zum Herzen hin; Puls 60; Atmung 20.

18. November. Die Vene war stärker entzündet und an der Wundmündung
war eine leichte Eiterung sichtbar. Atmung 16; Puls 55. Von dieser Periode
bis zum 23. betrug der Puls 55 bis 60 und die Atmung schwankte von 12 bis
18.

26. November. Die Schwellung der Venenlage lässt rasch nach; Puls 55;
Atmung 12.

Das Tier erholte sich allmählich und wurde am 26. Februar 1849 zum Gegenstand eines weiteren Experiments gemacht. Nachdem die rechte Halsschlagader eröffnet worden war, wurden zwei Flüssigunzen reiner, gesunder Eiter injiziert und im Verlauf des Kreislaufs durch Druck von außen auf die Vene vorangetrieben. Die Vene wurde während der Operation gespannt und leistete deutlichen Widerstand gegen die Versuche, ihren Inhalt in Richtung Herz zu befördern. *Selbst starker Druck reichte nicht aus, um den Widerstand gegen den Blutrückfluss zu überwinden.* Bald nach der Operation hatte das Tier einen Schüttelfrost; die Atmung wurde mühsam, aber nicht beschleunigt; Puls 57.

Nach Ablauf von sieben Stunden schien das Tier niedergeschlagen zu sein; er weigerte sich zu essen oder zu trinken; die Extremitäten waren kalt; 16 Atemzüge in der Minute; Puls 60, klein und unregelmäßig.

27. Februar. Bis zum Brustbein ist eine Verdickung der Vene zu spüren. Die allgemeinen Symptome sind die gleichen wie am Vorabend.

28. Es scheint weniger verfassungsrechtliche Irritationen zu geben; Puls 60; Atmung 14.

2. März. Appetit immer noch gleichgültig; Puls 60; Atmung 16.

Von diesem Datum an bis zum 7., als das Tier getötet wurde, blieben die allgemeinen Symptome weitgehend dieselben, aber die Verhärtung und Schwellung um die Halsschlagader herum, von der Öffnung bis zum Brustbein, wurden stärker.

Obduktionen. Die linke Halsvene wurde als vollständig obliteriert befunden. Die Reste eines festen Koagulums verstopften seinen Kanal eine ganze Strecke unterhalb der in ihn gemachten Öffnung und endeten unten in einem länglichen konischen Teil, der nur an einer Seite des Gefäßes haftete. Auf der rechten Seite hatte sich im Verlauf der Vene ein Abszess gebildet; und zwei Zoll lang waren die gesamten Teile in einer wirren Masse von Eiter und Lymphe eingebettet, in der es unmöglich war, die Struktur der Vene zu unterscheiden. Sowohl darüber als auch darunter war die Vene mehrere Zoll lang mit Gerinnseln gefüllt, die sie wirksam verödeten. Diese Gerinnsel dehnten sich im Laufe der Zirkulation um mehrere Zoll aus; aber jenseits davon, in beide Richtungen, war das Schiff durchlässig. Die Lungen zeigten einige leichte Stauungsflecken, jedoch nicht von der gleichen charakteristischen Art, die in Experiment VI BEOBACHTET WURDE . Die anderen Organe waren gesund.

EXPERIMENT IX. [27]

Zwei Drachmen etwas stinkender Eiter, der aus einem großen gewöhnlichen Geschwür stammte und mit etwas Wasser verdünnt wurde, wurden in die

Halsvene eines mittelgroßen Hundes injiziert. Das Tier unternahm sofort mehrere krampfhafte Versuche zu schlucken und wurde bald ohnmächtig. Es zeigte Anzeichen von Schmerzen und erbrach sich im Laufe des Tages mehr als sechsmal. Nach Ablauf einer Stunde schien es durch einen Stuhlgang und durch das Ausscheiden von trübem Urin leicht gelindert zu werden. Am Abend war es sehr schlimm; es lag mit ausgestreckten Beinen auf der Seite; hatte einen sehr schwachen Puls und kaum wahrnehmbare Atmung. Zehn Stunden nach dem Experiment machte es schwarze, flüssige und äußerst anstößige Bewegungen; diese gingen mit sofortiger Erleichterung einher. Das Tier erlangte seinen Appetit wieder, aß und trank frei und schlief ein. Am nächsten Tag schien es fast gut zu sein. Am dritten Tag wurden drei Drachmen desselben Eiters in die gegenüberliegende Vene injiziert; Nach Ablauf einer gewissen Zeit traten, wie im ersten Fall, Ohnmacht, Erbrechen und häufiger Harndrang auf; Zwölf Stunden nach der Injektion kam es zu häufigen flüssigen, weißen und sehr stinkenden Bewegungen, und das Tier starb nach Ablauf von vierundzwanzig Stunden. Beim Öffnen des Körpers wurden weder im Darm noch in anderen Organen Veränderungen festgestellt.

EXPERIMENT X.

Das letzte Experiment wurde an einem Windhund mit den gleichen Ergebnissen wiederholt: Ohnmacht, Fieber, Erbrechen und wiederholte Stuhlgänge folgten aufeinander, mit einer Erholung nach dem ersten Experiment, jedoch nicht nach dem zweiten. Beim Öffnen des Körpers wurde keine Läsion beobachtet, außer dass die unteren Lungenlappen vollgestopft und fast hepatisiert waren.

EXPERIMENT XI.

Drei Drachmen frischen Eiters, der von demselben Patienten wie in den letzten Experimenten stammte, wurden in die Halsschlagader eines kleinen, abgemagerten, ungesunden Hundes injiziert. Nach Ablauf von drei Minuten kam es zu einer starken Urinentleerung, gefolgt von anhaltendem Erbrechen und wiederholten vergeblichen Versuchen, Stuhl zu entleeren. Fast eine Viertelstunde lang bestand eine Art Emprosthotonus, Steifheit der Gliedmaßen und ein todesähnlicher Zustand. Anschließend kam es zu erneutem Erbrechen mit sehr übelriechendem Flüssigkeitsausfluss, dem eine scheinbare Linderung folgte; Bald darauf trat jedoch ein lang anhaltender Tenesmus auf, der fünf Stunden nach der Eiterinjektion mit dem Tode endete. Beim Öffnen des Körpers stellte sich heraus, dass die Darmschleimhaut gerötet, geschwollen und entzündet war, insbesondere im Dickdarm und Mastdarm.

EXPERIMENT XII.

Eine halbe Unze Eiter, ähnlich dem in den vorangegangenen Fällen verwendeten, aber fauligeren, weil er länger aufbewahrt wurde, wurde in die Adern eines mittelgroßen Hundes eingeführt. Das Tier wurde wie in den anderen Fällen von Erbrechen befallen, begleitet von heftigem Pressen. Anschließend traten stark ausgeprägte nervöse Symptome auf. Die Augen wanderten; Es kam zu extremer Empfindlichkeit und unwillkürlichen krampfartigen Zuckungen am ganzen Körper, begleitet von Ohnmacht, Schluckauf und kurzen, mitleiderregenden Schreien. Der Gang war unsicher, schwankend und ohne erkennbares Ziel. Es kam zu heftigem Delirium, heftigem Durst, Dyspnoe, Herzklopfen usw. Dieser Zustand dauerte fast zwei Stunden und das Tier starb in schrecklichen Krämpfen, ohne dass es, wie in den früheren Fällen, zu einer kritischen Entleerung gekommen wäre.

Obduktionen. Beim Öffnen des noch warmen Körpers stellte sich heraus, dass das venöse Blut sehr fest geronnen war und sich im Ruhezustand nicht von seinem Serum trennte; Die linke Herzkammer zeigte auf ihrer äußeren Oberfläche einige Flecken in der Farbe von Weinhefe, die von einer Art Betonhäutchen gebildet waren und erst nach langem Reiben und Mazerieren verschwanden. Die anderen Organe schienen gesund.

EXPERIMENT XIII.

Etwas Rindfleisch durfte sich im Blut eines Hundes zersetzen; Eine halbe Unze der bei der Zersetzung entstandenen Flüssigkeit wurde in die Halsvene einer kleinen Hündin injiziert. Sofort unternahm das Tier mehrere krampfhafte Versuche zu schlucken und wurde bald deprimiert, unruhig und ohnmächtig. Nach Ablauf einer Stunde kam es zu großer Erschöpfung, begleitet von wiederholten gallertartigen und blutigen Ausscheidungen und Erbrechen von Gallenmaterial. Die Kraft ließ allmählich nach und das Tier starb drei Stunden nach der Injektion.

Obduktionen. Es wurde festgestellt, dass die Lunge auf ganz eigenartige Weise entzündet war. Sie waren voller Blut von violetter oder schwarzer Farbe und zeigten viele petechiale Flecken, die wie kleine Ekchymosen aussahen. Diese Flecken existierten auch auf der linken Herzkammer, in der Milz, in den Mesenterialdrüsen, in der Gallenblase und sogar im subkutanen Zellgewebe. Das Peritoneum enthielt einige Löffel eines rötlichen Serums; Es wurde jedoch festgestellt, dass die Schleimhaut der Verdauungsorgane hauptsächlich betroffen war. Im Magen war es leicht entzündet. Im Darm, besonders aber im Zwölffingerdarm und Mastdarm, hatte es eine livide Farbe mit vielen schwarzen Flecken und war von einem gallertartigen und blutigen Sekret bedeckt, das an Weinhefe erinnerte. Das Gewebe an diesen Stellen war leicht verdickt.

EXPERIMENT XIV.

Das vorhergehende Experiment wurde wiederholt, indem einem mäßig großen Hund eine Unze Flüssigkeit, die aus der Mazeration von fauligem Rindfleisch in Wasser stammte, in die Halsvene injiziert wurde. Das Tier hatte sehr bald einen extrem anstößigen, flüssigen Stuhlgang mit viel Urin. Die Atmung wurde schnell und tief, der Puls klein und schnell. Es wurden wiederholt Versuche unternommen, den Darm zu entleeren. Es herrschte große Depression und Kraftmangel. Nach Ablauf einer Stunde trat eine Art Durchfall oder Ruhr auf. Der flüssige, blutige und stinkende Ausfluss dauerte anderthalb Stunden, bis das Tier starb.

Obduktionen. Über die Lunge verteilt fanden sich livide, braune und schwarze Flecken. Der Darmkanal war mit einem blutigen, schleimigen Sekret gefüllt, das der ausgeschiedenen Substanz ähnelte; Seine Schleimhaut war, wie im vorigen Fall, von livider Farbe.

EXPERIMENT XV.

Zweieinhalb Unzen dicker stinkender Flüssigkeit, die aus der Mazeration von Kohlblättern in einer gleichen Menge Wasser über zwei Tage hinweg bei einer Temperatur von 77 °C stammte, wurden in die rechte Halsschlagader eines mittelgroßen Hundes injiziert. Während der Operation unternahm das Tier mehrere Versuche zu schlucken, wurde bald ohnmächtig und erbrach sich mehrmals. Einige Stunden später kam es zu großer Unruhe und Beklemmung, mit erneutem Erbrechen und anhaltender Ohnmacht während des Tages. Nach neun Stunden fand eine äußerst umfangreiche und äußerst stinkende Evakuierung statt. Der Ausfluss war schwarz wie Ruß und bestand aus Schleim, etwas Fäkalien und einer großen Menge scheinbar verdorbenem Blut. Einige Zeit später kam es zu einem zweiten Ausfluss von blutigem Schleim, der genau dem ersten ähnelte. Am folgenden Tag kam es zu einem starken Kraftverlust: Das Tier lag auf der Seite oder schwankte beim Gehen. Es bestand ein großer und unstillbarer Durst mit einem leichten fieberhaften Puls. Aber das bemerkenswerteste Symptom war das in Abständen auftretende Herzklopfen, begleitet von außergewöhnlicher Kraft und Geräusch, ähnlich dem, das durch eine lange anhaltende Hypertrophie dieses Organs infolge eines Aneurysmas [28] einer der großen Arterien hervorgerufen ^{wird}. Am dritten und vierten Tag ging es dem Tier besser, aber es gab immer noch großen Durst, Fieber und gelegentliche Abstoßung von Flüssigkeit aus dem Magen. Am fünften Tag verschlimmerten sich die Symptome; es gab extreme Schwäche, einen schwankenden Gang, übermäßigen Durst, die Augen waren rot und voller Zahnfleisch; die Nasenlöcher waren verstopft, geschwollen und mit Schleim verstopft; und die Mundschleimhaut war geschwollen und von violett-roter Farbe. Mitten am Tag gab es einen flüssigen, grauweißen Ausfluss, der in seinem Geruch, seiner Konsistenz und seinem Aussehen Eiter ähnelte, vermischt mit einigen Klumpen verfaulten Blutes. Der Tod ereignete sich in der folgenden Nacht.

Obduktionen. Die Schleimhaut der Augen, der Nase und des Mundes war rot oder violett und von sehr reichlichem, dickem Schleim bedeckt. Die Lunge hatte eine dunkle Farbe mit einigen schwarzen Flecken, war aber immer noch kriechend. Die linke Herzkammer wies mehrere braune Flecken auf, die Ekchymosen ähnelten und in das Gewebe eindrangen. Seine innere Oberfläche hatte die Farbe von Weinhefe und bildete einen merkwürdigen Kontrast zu der rechten Seite, die jedoch eine harte, fibrinöse Konkretion enthielt, die zweieinhalb Drachmen wog, von hellgelber Farbe war und an Fett erinnerte im Aussehen. Diese war durchgehend von der gleichen Konsistenz und überall frei, mit Ausnahme eines Stückes von der Größe eines Fingernagels, das an einer unregelmäßigen und offenbar entzündeten Stelle auf der inneren Oberfläche des Ventrikels klebte; In diesem Gerinnsel war kein Auftreten der injizierten Flüssigkeit zu erkennen. Es setzte sich in gleicher Farbe und Konsistenz in der Pulmonalarterie und in der Hohlvene, der Vena azygos, der Achselhöhle und sogar der rechten Halsvene fort.

Die Darmschleimhaut, insbesondere im Mastdarm, im Zwölffingerdarm und in einem kleinen Teil des Dünndarms, war violettrot gefärbt. Es war in Längsstreifen und fleckenweise entzündet, was sogar der äußeren Oberfläche des Darms vor der Öffnung ein fleckiges Aussehen verlieh. Diese Verfärbung ging weder mit einer Verdickung des Gewebes noch mit einer Geschwürbildung einher und schien eher das Ergebnis einer Ekchymose oder Blutung zu sein. Betroffen war vor allem die Schleimhaut des Rektums, die Schleimdrüsen waren geschwollen und deutlich hervortretend. Dieser Darm enthielt eine reine Flüssigkeit, die der Substanz ähnelte, die vor dem Tod ausgeschieden wurde. Die anderen Därme enthielten einen sehr dicken grauweißen Schleim. Die Mesenterialdrüsen waren entzündet und schienen mit Blut infiltriert zu sein. Die Gallenblase war auf ihrer Oberfläche mit braunen und violetten Flecken gesprenkelt und enthielt schwarze, dicke, zähe Galle, die an geschmolzenen Teer erinnerte.

EXPERIMENTE XVI UND XVII.

Darstellung der Auswirkungen der Einführung von Quecksilber in eine Arterie.

Eineinhalb Unzen Quecksilber, gemischt mit Wasser, wurden in die linke Halsschlagader eines Schafes injiziert. Das Tier zeigte sofort Schmerzen und blieb unbeweglich auf seinen Füßen stehen. Der Kopf war gesenkt, es herrschte Benommenheit und Schweregefühl, und die Augen waren hervorstehend und weit geöffnet. Anschließend wurden die Vorderbeine gebeugt und der Kopf neigte sich mit einer Art krampfhafter Starrheit über die rechte Schulter, die bis zum Tod anhielt. Zwei Stunden später fiel das Tier ins Koma mit einigen krampfartigen Bewegungen der Gliedmaßen, und das linke Auge wurde rot und entzündete sich. Der Tod ereignete sich fünfzig Stunden nach der Operation.

Obduktionen. Das linke Auge befand sich in einem Zustand der Eiterung und enthielt Quecksilber. Auch viele Äste der linken Halsschlagader enthielten etwas Quecksilber, das nicht in das Kapillarsystem eingedrungen war. Alle mit diesen Gefäßen versorgten Organe waren infolge der Anwesenheit des Fremdkörpers rot, geschwollen und entzündet. Die Schilddrüse, die Zunge, die Wangen und die Lippen waren jedoch nur bis zur Mittellinie betroffen, während die gegenüberliegenden Hälften blass und in ihrem natürlichen Zustand blieben.

Eineinhalb Drachmen Quecksilber, gemischt mit etwas warmem Wasser, wurden in die Unterschenkelarterie eines großen Hundes injiziert. Das Tier zeigte keine Schmerzen und ruhte leicht auf dem betroffenen Glied, das merklich kälter wurde. Nach Ablauf einer Stunde verweigerte das Tier die

Nahrung, wurde unruhig und zeigte starke Schmerzen in dem nun sehr heißen Glied. Am folgenden Tag war das Bein geschwollen und ödematös. Am dritten Tag herrschte großer Durst, zunehmende Ödeme und großes Leid. Das Tier wurde 60 Stunden nach der Operation getötet.

Obduktionen. Mit Ausnahme der betroffenen Extremität wurde in keinem Organ eine Erkrankung festgestellt. Dieser war überall geschwollen und ödematös; Es hatten sich Abszesse unterschiedlicher Größe gebildet, die gesundheitsschädliche Flüssigkeit, Quecksilber und Eiter enthielten; Einige Teile befanden sich in einem beginnenden Zustand der Abtötung und gaben eine beträchtliche Menge Luft ab. Quecksilberkügelchen wurden an verschiedenen Stellen gefunden, meist in der Mitte der Abszesse, und liefen auf das Skalpell, wenn Einschnitte in das Glied gemacht wurden.

EXPERIMENT XVIII.

Darstellung der Wirkung der Injektion von Öl in eine Arterie.

Drei Drachmen Olivenöl wurden in die Unterschenkelarterie eines großen Hundes geworfen. Es traten leichte Schmerzen auf, das Glied wurde offensichtlich kalt und der Puls unter der Achillessehne war nicht mehr zu spüren. Zwei Stunden später wurde erneut die gleiche Menge Öl eingespritzt. Das Bein begann sich nun zu entzünden und wurde empfindlich. Am nächsten Tag war das ganze Glied ödematös, stark geschwollen und sehr schmerzhaft. 29 Stunden nach dem ersten Experiment waren die Oberschenkel- und Beinmuskeln sowie das Zellgewebe an einigen Stellen blutüberströmt und in färbenden Flecken entzündet; in anderen Fällen sind sie mit gelbem Serum und gelatineartigen Ausscheidungen infiltriert. In den betroffenen Teilen konnte kein Öl nachgewiesen werden.

EXPERIMENT XIX.

Eine Unze fauliges Wasser, in dem etwas Rindfleisch mazeriert war, wurde in die Unterschenkelarterie eines mittelgroßen Hundes injiziert. Nachdem die Arterie abgebunden war, hörte der Puls unterhalb der Achillessehne auf; Das Glied behielt jedoch seinen üblichen Wärmegrad bei und bildete in dieser Hinsicht einen Kontrast zum letzten Experiment. Nach der Operation kam es zu erheblichem Fieber und Unruhe; Dies dauerte den ganzen Tag und die folgende Nacht, ohne dass es zu Erbrechen oder Stuhlentleerungen kam, die so beständig auf ähnliche Operationen an den Venen folgten. Am nächsten Tag war das Glied sehr schmerzhaft, aber nicht geschwollen; Es bestand Durst mit der üblichen Kot- und Urinsekretion. Am dritten Tag ging es dem Tier offensichtlich besser; Der Appetit war fast normal geworden und er konnte leichter gehen, obwohl das Glied immer noch sehr schmerzte. In der Nacht kam es zu einigen sanften, fast flüssigen Evakuierungen. Am vierten Tag erholte sich das Tier offenbar, als eineinhalb Unzen einer sehr stinkenden und sehr konzentrierten Flüssigkeit (aus der Mazeration von Rindfleisch) in die Unterschenkelarterie des gegenüberliegenden Gliedes injiziert wurden. Das Tier zeigte sofort Schmerzen, begleitet von sehr heftigem und bemerkenswertem Herzklopfen. Es ging lahm, hielt das Bein hoch und wurde bald fiebrig und unruhig. Die Symptome waren genau die gleichen wie nach dem ersten Experiment. Das Bein wurde nach und nach immer schmerzhafter, extrem empfindlich, aber nicht mit Serum infiltriert. Während der Nacht zeigte sich viel Schmerz, und das Tier war ständig in Bewegung. Der Tod trat neunzehn Stunden nach der zweiten Injektion ein. Das Glied war erst fünf bis sechs Stunden vor dem Tod angeschwollen.

Obduktionen. Das Glied wies eine sehr große Menge blutiger Flüssigkeit auf, die in alle Gewebe eingedrungen war. Die oberflächlichen Muskeln waren schwarz und wiesen mehr oder weniger den Anschein einer Brandwunde auf. Die Tiefenmuskulatur existierte als solche nicht mehr, sondern war völlig desorganisiert und in einen fauligen Brei umgewandelt, der Massen von rotem Weinhefe ähnelte, äußerst übelriechend war und eine Menge Gas freisetzte. Das zuerst injizierte Glied war noch geschwollen und wies im Inneren der Adduktoren zwei oder drei Hohlräume auf, die mit einem fauligen blutigen Serum gefüllt waren. In der Brust waren die Lungen gesund, ebenso die rechten Herzhöhlen; aber die linken Höhlen zeigten mehrere rötlich-schwarze Flecken, die über ihre äußere Oberfläche verstreut waren. In der linken Ohrmuschel befand sich ein festes gelblich-weißes Gerinnsel, das an einer entzündeten Stelle an der Innenfläche haftete. Der Darmkanal war mit einer bräunlich-roten Flüssigkeit gefüllt, die verändertem Blut ähnelte und im Magen und Zwölffingerdarm die Farbe von Ruß hatte. Die Schleimhäute dieser Organe sowie des Jejunums und Rektums waren mit Blut von der Farbe des Rotweinhefes vollgestopft, jedoch ohne entzündliche Verdickung ihrer Mäntel.

EXPERIMENT XX.

Darstellung der Wirkung der Einführung von Luft in eine Arterie.

Sieben bis acht Kubikzoll gewöhnliche Luft wurden nach und nach in die Unterschenkelarterie eines großen Hundes injiziert. Ein eigenartiges Rascheln, abhängig von der Vermischung der Luft mit dem Blut, begleitete die Operation. Es folgten keine besonderen Symptome; aber nach einigen Minuten war die entsprechende Vene mit schaumigem Blut aufgebläht, das sich nur schwer bewegen ließ und im Gefäß stagnierte. Das ganze Glied kribbelte unter Druck, aber mehr als eine halbe Stunde lang traten keine unangenehmen Symptome auf. Eine Unze Wasser, dem siebzig Tropfen medizinische Blausäure zugesetzt waren, wurde nun in dieselbe Arterie injiziert. Dies hatte keine offensichtlichen Auswirkungen auf die Verfassung.

Eine Viertelstunde später wurde eine Unze gesättigter Lösung von Nux vomica in dasselbe Gefäß injiziert. Auch hieran traten keine besonderen Symptome auf. Eine Stunde nach der ersten Injektion wurde eine halbe Unze einer schwachen Tabakinfusion in dieselbe Arterie eingeführt. Unmittelbar danach kam es zu starken Schmerzen, begleitet von einer großen Atemgeschwindigkeit. Das Tier schien jetzt zu sterben; Er erholte sich jedoch langsam, schien schwindelig zu sein, neigte zum Erbrechen und blieb in einem ständigen Zustand der Unruhe. Auf diesen Zustand folgte Fieber, begleitet von extremer Empfindlichkeit der Gliedmaßen und Unregelmäßigkeit des Pulses. Nach einigen Stunden schien es ihm besser zu gehen; Der Puls wurde regelmäßiger und weniger fiebrig, aber das Bein war weiterhin geschwollen und schmerzte bei Druck äußerst. In der Nacht kehrten die Schmerzen zurück, was sich durch Heulen und Unruhe äußerte. Es kam zu mehreren Kot- und Urinentleerungen. Am nächsten Morgen herrschte große Erschöpfung mit viel Fieber und offensichtlichem Leiden. Das Glied war leicht emphysematös, geschwollen, entzündet und mit Serum infiltriert.

Am folgenden Tag wurden zweieinhalb Unzen Wasser, in dem etwas Nux vomica gekocht worden war, in die Unterschenkelarterie des gegenüberliegenden Gliedes injiziert. Der Hund äußerte keinen Schmerz; aber nach Ablauf von zehn oder zwölf Minuten traten leichte konvulsive Bewegungen auf, die sich allmählich in heftige tetanische Krämpfe verwandelten. Das Tier warf sich mit ausgestreckten Gliedmaßen nach hinten und starb nach wiederholten Krampfanfällen anderthalb Stunden nach der letzten Injektion.

Obduktionen. Beim Öffnen des Körpers *wurden an dem Glied,* an dem das letzte Experiment durchgeführt worden war, keine ungewöhnlichen Erscheinungen beobachtet, das Gegenteil war jedoch aufgebläht und emphysematös, durchdrungen von einem grauroten, schaumigen Serum mit überriechendem Geruch. *Die kleinen Gefäße waren durch feste Blutgerinnsel verstopft.* Die Gallenblase war stark aufgebläht; und der Darmkanal enthielt eine Menge gelblichen Schleims.

TEIL II.

ÜBER DIE EINFÜHRUNG VON VITIERTEN FLÜSSIGKEITEN IN DAS BLUT; SEINE FOLGEN UND BEHANDLUNG MIT FÄLLEN.

VIII. DIE im ersten Teil dieses Aufsatzes zitierten Experimente veranschaulichen die Fähigkeit des Blutes, die Zirkulation bestimmter Fremdstoffe zu verhindern. Sie zeigen, dass insbesondere Eiter dazu neigt, das Blut zu gerinnen; und dass auf diese Weise, wenn es in die Gefäße eingeführt wird, sein Fortschritt in einem Teil des zirkulierenden Systems aufgehalten wird. Diese Tatsache, die für sich genommen kaum von Bedeutung zu sein scheint, gewinnt erhebliche Bedeutung, wenn man sie als eine der inhärenten Eigenschaften des Blutes betrachtet, das unter günstigen Umständen jederzeit bereit ist, im lebenden Körper in Aktion gesetzt zu werden. Die Bedingungen, unter denen Eiter die Gerinnung des Blutes bestimmt, und die Bedingungen, unter denen er in den lebenden Gefäßen zirkuliert, müssen genau ermittelt werden, bevor wir die widersprüchlichen Beweise, die uns derzeit zu diesem Punkt vorliegen, richtig interpretieren können.

Dr. Sédillot [29] erwähnt in einem kürzlich veröffentlichten Werk, dass eine große Anzahl von Fällen vorkommt, in denen Eiter in den allgemeinen Kreislauf gelangt, ohne auf irgendeine Behinderung zu stoßen, und erklärt, dass dies in solchen Fällen möglich sei Eiterkügelchen in verschiedenen Teilen des Kreislaufsystems erkennen. Er behauptet sogar, dass er eine durch eine eitrige Infektion verursachte Krankheit erkennen kann, indem er unter dem Mikroskop einen Teil des aus dem Körper entnommenen Blutes untersucht.

M. Dance und seit seiner Zeit ebenso genaue Beobachter haben es andererseits nicht geschafft, die Eigenschaften von Eiter im Blut zu erkennen, selbst wenn diese Flüssigkeit in die Adern lebender Tiere injiziert worden war. Die Ergebnisse dieser verschiedenen Beobachtungen können vielleicht in Einklang gebracht werden, wenn man den Einfluss betrachtet, den das Blut auf die Eiterkügelchen ausübt, bevor seine Gerinnungskraft beeinträchtigt ist. Dieses Thema scheint bisher nicht die Aufmerksamkeit der Pathologen auf sich gezogen zu haben.

In allen von Dr. Sédillot zitierten Fällen, in denen er Eiterkügelchen im Blut entdeckte, starben die Patienten an der Krankheit; aber in den von M. Dance und anderen eingeleiteten Forschungen wurden die Experimente an Tieren in vollkommener Gesundheit durchgeführt. Bei letzteren kann der Eiter, wie bereits gezeigt wurde, nicht oder erst dann in den Kreislauf gelangen, wenn das Blut ihn teilweise oder ganz umgeronnen hat und das Gerinnsel anschließend aufgelöst ist.

Bei der Gerinnung verändert sich unter diesen Umständen das Aussehen der Eiterkügelchen , wobei diese vielleicht durch die Kontraktion der Fibrine mechanisch zusammengedrückt werden, so dass das erfahrenste Auge sie nicht mehr erkennen kann.

Eiter, vermischt mit gesundem, frisch entnommenem Blut, verliert auf diese Weise völlig seinen Charakter; und da die Gerinnung in den lebenden Gefäßen keineswegs verzögert ist, können wir ohne Angst vor Widersprüchen behaupten, dass Eiterkügelchen nicht nachgewiesen werden können, wenn sie in kleinen Mengen in die Gefäße eingeführt und mit gesundem Blut vermischt werden.

In Fällen, in denen das Blut aufgrund einer lang anhaltenden Krankheit und der wiederholten Einleitung verunreinigter Flüssigkeiten in den Kreislauf seine Kraft verloren hat, scheint es keinen Grund zu geben, an der Richtigkeit von Dr. Sédillots Beobachtungen zu zweifeln; und es ist wahrscheinlich, dass Eiterkügelchen dann mit denen des Blutes zirkulieren.

In Tierversuchen hat man stets festgestellt, dass die Fähigkeit der Konstitution, den Wirkungen der Eiterinjektion in die Venen zu widerstehen, bei der ersten Operation viel größer war als bei jeder späteren Operation. Dieser Umstand scheint direkt mit den jetzt gemachten Beobachtungen in Zusammenhang zu stehen und ein weiteres Beispiel für die Fähigkeit von gesundem Blut zu liefern, dem Eindringen einiger Fremdstoffe in das System zu widerstehen.

Aus der Betrachtung dieser Tatsachen und der zuvor aufgezeichneten Experimente wird deutlich, dass die Einführung von Eiter in das System durch eine verletzte oder entzündete Vene selten der erste Schritt zu einer eitrigen Infektion des Systems sein kann. Es muss zuvor eine Veränderung im Blut stattgefunden haben, durch die seine Gerinnungskraft beeinträchtigt wurde, oder es müssen ungewöhnliche mechanische Mittel angewendet worden sein, bevor der Eiter seinen Weg in den Kreislauf finden kann. Die widersprüchlichen Aussagen derjenigen, die Eiter in die Venen injiziert haben, können somit in Einklang gebracht werden, wenn man die vom Blut ausgeübte Kraft in den durchgeführten Experimenten berücksichtigt. Es besteht kaum ein Zweifel daran, dass, während in einigen Fällen ein Teil des Eiters in den allgemeinen Kreislauf gezwungen wurde, er in der großen Mehrheit der Fälle in der Vene, in die er zuerst eingeführt wurde, zurückgehalten wurde und nie dorthin gelangt ist Teil der zirkulierenden Flüssigkeit. Wir finden dementsprechend, dass einige Experimentatoren die von ihnen beobachteten sekundären Krankheiten aufzeichnen, während bei anderen Händen diese Erscheinungen nicht hervorgerufen wurden.

Dr. Sédillot [30] hat versucht nachzuweisen, dass die Kügelchen oder festen Teile des Eiters in das System eingeführt werden müssen, um deutliche Anzeichen einer eitrigen Infektion hervorzurufen. Doch diese Hypothese scheint nicht nur im Widerspruch zu den oft wiederholten Experimenten von MM zu stehen. Gaspard und Cruveilhier, in denen ähnliche Wirkungen durch die Injektion von Quecksilber und fauligen Flüssigkeiten hervorgerufen wurden, ließen aber auch die Art und Weise der Einführung dieser Kügelchen ungeklärt, wo es Hinweise darauf gibt, dass die Krankheit über das Lymphsystem übertragen wurde. Die Veränderungen, die alle Substanzen auf ihrem Weg durch die absorbierenden Drüsen erfahren, würden sofort die Idee verbieten, dass Eiterkügelchen auf diese Weise unverändert in den Kreislauf eingeführt werden könnten; und doch haben wir direkte Beweise (Fall XXIX), dass irritierende Flüssigkeiten auf diese Weise in das System befördert werden und zur Bildung sekundärer Abszesse führen.

Eine andere Klasse von Fällen, in denen es schwierig wäre, die Lehre von der Einführung von Eiter in Substanz in den Kreislauf zuzulassen, stellt sich dar, wenn bei den primären Erkrankungen (wie im Fall VI) kein Beweis für das Original erbracht WERDEN kann Die Läsion ist eitert. Bei den in solchen Fällen ausgeströmten Flüssigkeiten kann es sich um Serum, Lymphe oder Blut handeln, die in unterschiedlichen Verhältnissen gemischt sind; und doch werden die konstitutionellen Symptome genau denen ähneln, die in anderen Fällen auf die Eiterbildung folgen. Sowohl bei der primären als auch bei der sekundären Erkrankung kann es jede Zwischenstufe zwischen der gesunden Sekretion eines Teils und der Bildung von reinem Eiter oder mit Blut oder Lymphe vermischtem Eiter geben, ohne dass einer der wesentlichen Merkmale der Krankheit vorliegt abwesend. Ein entzündeter Schleimbeutel oder eine punktierte Wunde ohne Bildung von Eiter (Fälle IV und V) kann ebenso schwerwiegende Symptome und ebenso tödliche Folgen hervorrufen wie alle, die durch die direkte Einführung von Eiter in das System entstehen. Die sekundären Erkrankungen können in solchen Fällen ihren Lauf nehmen und sich ebenso schnell als tödlich erweisen, wie wenn wohlgeformte eitrige Ablagerungen stattgefunden haben. Auf die schwersten konstitutionellen Symptome folgt manchmal nur ein Erguss blutiger Flüssigkeit in eine der serösen Höhlen (Fall XXX). Es wäre unphilosophisch, selbst wenn es praktikabel wäre, solche Fälle einer anderen Krankheit zuzuordnen, nur weil der zufällige Umstand der Eiterbildung fehlt. Der Ursprung der Erkrankung kann in solchen Fällen ebenso deutlich ausgeprägt sein, das Gift kann oft ebenso deutlich in das System zurückverfolgt werden und die sekundäre Erkrankung kann ebenso deutlich mit der primären zusammenhängen, wie in jedem Fall, in dem sich ursprünglich Eiter gebildet hat . In einigen Fällen wiederum beginnen die konstitutionellen Symptome, die mit Ergüssen in entfernte Körperteile einhergehen oder von ihnen gefolgt werden, bevor ausreichend Zeit verstrichen ist, um die Annahme zuzulassen, dass sich am ursprünglichen Verletzungsherd vollständig Eiter gebildet haben könnte. Solche Fälle äußern sich gelegentlich, wenn auch selten, in Form ausgedehnter Verbrennungen und Verbrühungen, die bei geschwächten Gewohnheiten und nach Amputation der Gliedmaßen bei skrofulösen Kindern auftreten.

In fast allen Fällen, in denen der Ursprung der konstitutionellen Erkrankung nicht auf die Einführung erkrankter Flüssigkeit in das System durch eine offene Vene zurückgeführt werden kann, wird man feststellen, dass der primär verletzte Teil den Grad an Vitalität benötigt hat, der zur Etablierung und Aufrechterhaltung erforderlich ist gesunde adhäsive Entzündung.

Bei einer anderen Gelegenheit [31] habe ich versucht zu zeigen, dass das Virus dort, wo Lymphe um eine vergiftete Wunde ergossen wird, seinen Weg durch die absorbierenden Gefäße weniger leicht findet, als wenn kein solcher Erguss stattgefunden hat; und dass, wenn in einer solchen Wunde der Lymphausfluss gehemmt oder verhindert wird, wie durch die Verabreichung von Quecksilber, ein größerer Anteil der Fälle auf eine Erkrankung des Lymphsystems hindeutet, als wenn der natürliche Prozess nicht gestört wurde. Es kann kaum ein Zweifel daran bestehen, dass das gleiche Prinzip auch bei gewöhnlichen Wunden zu beobachten ist. Die Zahl der Fälle, in denen sich die absorbierenden Wunden entzünden, verhält sich im umgekehrten Verhältnis zu der Zahl der Fälle, in denen die ursprünglichen Wunden von einer gesunden adhäsiven Entzündung umgeben sind. Im Fall XXVII wird erwähnt, dass die Oberfläche eines Muskels, der an der ursprünglichen Läsion beteiligt war, so sauber präpariert wurde, als ob sie mit einem Skalpell durchgeführt worden wäre, was das völlige Fehlen jeglicher umgebender Lymphergüsse zeigt. Das Fehlen oder die Störung des Adhäsionsprozesses kann daher mit einer Entzündung der Absorptionsmittel verbunden sein, da gezeigt wurde, dass das Fehlen einer „Vereinigung durch erste Absicht" mit einer Entzündung der Venen zusammenhängt (Abschnitt ii).

Die Kleinheit der absorbierenden Gefäße und die Veränderungen, die ihr Inhalt in ihren Drüsen erfährt, verhindern, dass ungesunde Flüssigkeiten in ihnen ebenso leicht zu erkennen sind wie in den Venen. Wenn aber das Fortschreiten der Entzündung entlang dieser Gefäße von einer Wunde bis zum Zentrum des Kreislaufs verfolgt werden kann, was, wie es oft der Fall ist, in Abständen durch die Bildung von Abszessen gekennzeichnet ist, können wir nicht daran zweifeln, dass eine reizende Flüssigkeit ihren Weg gefunden hat entlang ihrer Kanäle: und wenn die gleichzeitig auftretenden konstitutionellen Symptome in der Bildung eitriger Ablagerungen enden (wie im Fall XXIX), können wir nicht umhin zuzugeben, dass die absorbierenden Gefäße das direkte Mittel sind, durch das in solchen Fällen Erkrankte Sekrete gelangen ins Blut und das System wird infiziert. Es scheint daher, dass es zwei Hauptbedingungen gibt, unter denen eine lokale Erkrankung durch direkte Einführung verunreinigter Flüssigkeiten in das Blut eine allgemeine Infektion des Systems hervorrufen kann. Die erste davon hängt mit einer fehlerhaften Verbindung in verletzten Venen zusammen; Die zweite Ursache ist das Fehlen einer gesunden Adhäsion in entzündeten Lymphgefäßen.

Der Zeitraum, in dem der Anfall einsetzt, unterscheidet sich in gewissem Maße in den verschiedenen Fallklassen, wird aber im Allgemeinen mit großer Präzision markiert: Selbst wenn auf eine scheinbare Genesung ein zweiter Anfall folgte, wurde das Ereignis in jedem Fall vom Arzt genau notiert Plötzliches Auftreten konstitutioneller Symptome (siehe Fall XXXVII).

Wenn eine der großen Venen ursprünglich betroffen war, ist der Zeitraum, der vergeht, bis sich Symptome einer Infektion des Systems manifestieren, vergleichsweise kurz (Fall L). In Fällen, die nach der Geburt auftreten, ist sie meist länger und reicht bis zum Ende der zweiten Woche. Nach chirurgischen Eingriffen oder Unfällen, bei denen Teile des Knochens betroffen sind, ist der Ausbruch der Krankheit in der dritten oder vierten Woche durch einen Rigor gekennzeichnet; und schließlich, wenn das absorbierende System hauptsächlich betroffen ist, kann der Zeitraum des Auftretens der konstitutionellen Symptome viel weiter von dem der ursprünglichen Verletzung (falls vorhanden) entfernt sein und ist keineswegs so genau definiert.

Zum Zeitpunkt des Auftretens der allgemeinen Störung des Systems wird die lokale Verletzung oder Wunde in der Regel ein ungesundes Aussehen haben. Die Haut in der unmittelbaren Umgebung nimmt manchmal ein mattes bräunlich-rotes Aussehen an, das allmählich in die Farbe der umliegenden Teile übergeht. Dieses Symptom beginnt normalerweise in der Nähe des Endes der Gefäße, die aus demselben Stamm stammen wie diejenigen, die den verletzten Teil versorgen. Wenn die ursprüngliche Verletzung durch eine Wunde an der Körperoberfläche kompliziert wird, wird diese normalerweise trocken und glasig, und die Rötung der Haut beginnt in ihrer Umgebung oder in kurzer Entfernung davon und erstreckt sich normalerweise zur Mitte hin des Kreislaufs, ohne einen sehr definierten Rand zu bieten: Gelegentlich erstreckt er sich in Form unregelmäßiger Erysipel über einen großen Teil des Körpers. [32]

IX. Der Beginn einer konstitutionellen Erkrankung nach direkter Blutinfektion ist durch eine plötzliche Veränderung im Verhalten und Aussehen des Patienten gekennzeichnet; ein schwerer Rigor ist gewöhnlich das hervorstechendste Symptom und wird von starker fieberhafter Erregung oder extremer Depression gefolgt; Manchmal ist eine sehr eigentümliche Hitze der Haut vorhanden (Fall XXII), WÄHREND ZU ANDEREN ZEITEN DIE

 Der Schüttelfrost kann sich in unregelmäßigen Abständen wiederholen, aber gelegentlich kommt er drei oder vier Tage hintereinander etwa zur gleichen Stunde wieder vor (Fall XXXVII); und in einigen Fällen wird es überhaupt nicht beobachtet.

Selbst in den ersten Stadien dieser Krankheit geht häufig eine schwere Depression einher, die sich durch einen Mangel an Tonus im Puls, durch eine äußerst lustlose Art und manchmal durch eine Tendenz zur Synkope auszeichnet (Fall 1). Das Gesicht wird ängstlich, die Zunge ist in der Mitte trocken und braun und an den Rändern rot, oder in anderen Fällen zeigt sie einen Belag von pastöser gelblich-weißer Farbe; Ein dunkelgelber Farbton durchdringt häufig die Haut und manchmal auch die Bindehaut der Augen. Dies kann von einer begleitenden Lebererkrankung abhängen oder auch nicht. Die Frequenz des Pulses ist in verschiedenen Fällen und zu unterschiedlichen Zeiten im selben Fall sehr unterschiedlich: Im Allgemeinen ist er sehr schnell, besonders wenn er von starker Hauterwärmung begleitet wird.

Der Schmerz ist manchmal stark und kann genau auf die Stelle übertragen werden, von der eine spätere Untersuchung zeigt, dass sie der Sitz einer sekundären Entzündung war. zu anderen Zeiten ist es nicht auf eine bestimmte Situation beschränkt, sondern besteht aus allgemeinen, schlecht definierten Gefühlen von kurzer Dauer, die in unregelmäßigen Abständen wiederkehren. Die Besonderheit solcher Empfindungen kommt am besten durch die Begriffe zum Ausdruck, die die Patienten selbst für sie verwenden. „Stechende Schmerzen am ganzen Körper", „Magenschmerzen" und „Kribbeln im Blut" begleiten diese Krankheit nicht selten.

Erbrechen kann auftreten, entweder als Symptom einer Konstitutionsstörung oder als Hinweis auf eine Entzündung eines Bauchorgans (Fall XXVI). Im letzteren Fall ist es äußerst hartnäckig und die ausgestoßene Flüssigkeit hat im Allgemeinen eine grüne Farbe. Durchfall ist ein häufig auftretendes Symptom und scheint einen erheblichen Einfluss auf den Krankheitsverlauf zu haben. Sein Auftreten geht nicht selten mit einer Linderung der anderen Symptome einher (Fall III); Wenn es auftritt, ist es im Allgemeinen reichlich und kaum medikamentös beherrschbar. Wenn es jedoch kontrolliert wird, kann es zu einer plötzlichen Verschlechterung des Zustands des Patienten kommen.

Der Intellekt ist im Anfangsstadium der Beschwerden selten betroffen; aber später, in schweren Fällen, folgen Unruhe, Delirium und Koma selten aufeinander. Diese Symptome sind alle eigenartig, sowohl hinsichtlich der Schnelligkeit, mit der sie auftreten, als auch der plötzlichen Art und Weise, in der sie gelegentlich verschwinden. Es scheint, dass die Krankheit innerhalb weniger Stunden einen Teil, den sie zuerst befallen hat, verlässt und sich auf ein anderes Organ in einem entfernten Teil des Körpers ausbreitet.

X. Die postmortalen Erscheinungen, die bei denjenigen beobachtet werden, die infolge der Einführung verunreinigter Flüssigkeiten in das Blut sterben, können größtenteils nicht von ähnlichen Veränderungen unterschieden werden, die durch andere Ursachen hervorgerufen wurden; Dennoch gibt es einige besondere Wirkungen, die direkt mit der Aufnahme von Fremdstoffen in den Kreislauf zusammenhängen können. Der charakteristischste Umstand, der die Ausbreitung einer Krankheit auf verschiedene Organe des Körpers über das Blut begleitet, ist, dass mehrere Teile dieser Organe oder sogar verschiedene Organe gleichzeitig angegriffen werden. Die Krankheit tritt gleichzeitig an verschiedenen Stellen auf, die schnell desorganisiert werden, während die umgebenden Texturen weder in ihrer Struktur noch in ihrer Farbe verändert bleiben. Das bei der Sektion beobachtete Erscheinungsbild variiert je nach befallenem Körperteil und dem Entwicklungsstadium, in dem sich die Krankheit befindet.

Die Lunge ist das Organ, in dem sich die aufeinanderfolgenden Veränderungen am besten beobachten lassen. Wenn puriforme Flüssigkeit in den Kreislauf gelangt ist, entsteht in der Struktur der Lunge zunächst das Auftreten einer oder mehrerer verstopfter oder erweiterter Venen [33] mit sehr kleinem Durchmesser. Darauf folgt ein gut definierter Fleck, dessen Farbe viel dunkler ist als die umgebende Textur. Wahrscheinlich werden mehrere dieser Flecken gleichzeitig auftreten, und jeder von ihnen wird bald von einem harten, kugelförmigen Fleck violetter Ansammlung umgeben sein. Nun findet ein Lymphabfluss statt, der in der Mitte jedes betroffenen Teils beginnt und sich allmählich in Richtung seines Umfangs ausdehnt. Wenn die Krankheit anhält , wird jede Stelle eitern und die verschiedenen Teile werden weicher und zerfallen, und zwar in der gleichen Reihenfolge, in der sie zuvor verfestigt wurden.

Häufig wird die Leber zum Sitz sekundärer Entzündungen. Im Frühstadium können in der Substanz verstreute bräunlich-rote Flecken beobachtet werden. Diese nehmen im weiteren Verlauf eine bläuliche oder schieferfarbene Farbe an; und es stellte sich heraus, dass die Struktur der Leber, die auf diese Weise betroffen war, ihre Konsistenz verloren hatte und durch Druck sehr leicht zersetzt wurde. Jeder betroffene Teil geht hier, wie auch in der Lunge, schnell zur Eiterung über; und das übliche Erscheinungsbild nach dem Tod ist das von mehreren kleinen umschriebenen Abszessen, um die sich die Struktur der Leber nur in einem sehr geringen Ausmaß verdichtet hat. Es kommt manchmal vor, dass sich die größeren Venen in der Leber entzünden. Da diese Gefäße durch die feste Struktur des Teils offen gehalten werden, werden sie nicht so leicht ausgelöscht wie in anderen Situationen; und es kommt daher vor, dass sich die in sie hineingegossene Lymphe und der Eiter unregelmäßig mit dem mehr oder weniger vollkommen geronnenen Blut, das sie enthalten, vermischen: so entsteht gelegentlich ein sehr eigentümliches fleckiges Aussehen, das an Granit erinnert.

Erkrankungen der Milz, die durch das Eindringen von Fremdstoffen in das Blut entstehen, werden wahrscheinlich nicht so leicht erkannt wie ähnliche Erkrankungen der Lunge und der Leber. Denn obgleich die Milz bei denen, die an einer Blutvergiftung sterben, oft erkrankt ist, so findet man doch verhältnismäßig selten sekundäre Abszesse darin. In der beigefügten Tabelle, die 23 Fälle enthält, wurde in nicht weniger als acht Fällen ein krankhaftes Erscheinungsbild in der Milz beobachtet, das nicht als eigentümliche Folge einer sekundären Entzündung erkannt wurde. Ein so großer Anteil der Fälle macht es wahrscheinlich, dass die beobachteten Veränderungen mehr als nur einen zufälligen Zusammenhang mit der Krankheit haben, an der der Patient starb, obwohl sie keine Merkmale aufwiesen, die man als typisch für diese Krankheit bezeichnen könnte. In deutlich ausgeprägten Fällen sekundärer Milzerkrankungen kann man eine oder mehrere gut abgegrenzte, aber häufig unregelmäßige, schokoladenfarbene Verhärtungen erkennen; Solche Flecken treten in der Regel kurz nach Beginn der Beschwerden auf und werden in sehr kurzer Zeit weicher oder lösen sich auf. Die Schnelligkeit, mit der sie ihren ursprünglichen Charakter verlieren, ist wahrscheinlich der Grund dafür, dass sie bei Obduktionen vergleichsweise selten beobachtet werden.

Manchmal kommt es in den Nieren zu Lymphablagerungen; aber diese sind von geringer Ausdehnung, von heller Farbe und ähneln Lymphablagerungen infolge einer gewöhnlichen Entzündung. Die für diese Krankheit in anderen Organen so charakteristischen Stauungsstellen werden hier nicht beobachtet. Dies kann von der besonderen Anordnung des Kapillarsystems der Niere abhängen. Das Blut muss durch die Malpigianbüschel fließen und kann gereinigt oder in seinem Charakter verändert werden, bevor es das eigentliche Venensystem des Organs erreicht.

In Fällen, in denen absichtlich eine eitrige Infektion des Blutes hervorgerufen wurde, findet man nicht selten Teile der Niere entzündet und fester als natürlich; aber wenn der Ursprung der Krankheit nicht bekannt wäre, könnten diese Erscheinungen nicht von denen unterschieden werden, die durch eine Nierenentzündung anderer Ursachen hervorgerufen werden.

Die Haut kann in drei verschiedenen Formen betroffen sein. (Siehe Fälle I, II, III, IX, X und XXXIV). Die erste davon kommt sehr selten vor und besteht aus kleinen Ablagerungen von Stoffen in der Struktur oder auf der Oberfläche der Haut, die in vielerlei Hinsicht den Pusteln von Pocken ähneln. Die zweite Form kommt ebenfalls selten vor und besteht aus kleinen verstopften Flecken auf der Hautoberfläche. Diese haben im Allgemeinen

einen dunkelvioletten Farbton, aber ich habe einen Fall gesehen, in dem sie eine leuchtend rote Farbe hatten. In diesem Fall hatte sich im Kniegelenk ein sekundärer Abszess gebildet, und in der Umgebung bildeten sich einige Pusteln auf der Haut. Vierzehn Tage vor dem Tod des Patienten traten an verschiedenen Stellen des Oberschenkels und des oberen Teils des Beines mehrere kleine leuchtend rote Flecken auf; einige davon hatten einen Durchmesser von drei oder vier Linien, während andere so klein waren, dass man sie ohne Aufmerksamkeit nicht sehen konnte; Sie traten an genau definierten Stellen auf, hatten eine hellere Farbe als die Schleimhaut der Lippen und blieben in ihrem Aussehen bis zum Tod unverändert. Die dritte Form kommt viel häufiger vor als alle anderen, obwohl sie bisher nicht viel Aufmerksamkeit von Pathologen auf sich gezogen hat, und zwar im Zusammenhang mit eitrigen oder anderen Infektionen des Blutes. Es beginnt sehr plötzlich und häufig, ohne dass dem Teil besondere Aufmerksamkeit geschenkt wird. Normalerweise bildet sich an einem Teil der unteren Extremitäten ein großer kreisförmiger Stauungsfleck, der in der Mitte bläulich oder violett ist, zum Umfang hin jedoch eine hellere Farbe annimmt. Die Haut der Wade wird möglicherweise häufiger angegriffen als die jedes anderen Teils. In der Mitte des verstopften Teils findet die Abtötung sehr schnell statt und wird dadurch angezeigt, dass der Teil eine schwarze oder matte bleierne Farbe annimmt. In manchen Fällen wäre es schwierig zu sagen, wo die Demütigung aufhört und die Überlastung beginnt; aber in anderen Fällen wird eine deutliche Abgrenzungslinie gebildet: Gelegentlich umgibt dann eine Zone hellroter Stauung den beschämten Teil.

Im Verlauf der Krankheit können gelegentlich Veränderungen dieser dritten Form der Hauterkrankung auftreten. Flecken, die ein blasses oder dunkelrotes Aussehen annehmen (das allmählich in die Farbe der umgebenden Haut übergeht), treten an verschiedenen Stellen auf (Fall XXXVI) und enden in einer dicken Ablösung der Kutikula oder in kleinen Hautschüppchen. In einigen Fällen sind nur die oberflächlichen Teile der Haut zerstört und die darunter liegenden Teile scheinen vergleichsweise unberührt zu sein; Kleine umschriebene Teile der äußeren Hautschicht lösen sich ab und die darunter liegenden Teile heilen ohne Eiterung durch einen Prozess, der dem der Schorfbildung ähnelt (Fall III).

Bemerkenswert ist bei dieser Krankheit, dass die gefäßreichsten Teile diejenigen sind, die am schnellsten ihre Vitalität verlieren. So gingen im zuletzt erwähnten Fall Teile der Hautoberfläche zugrunde, während sich die tieferen Schichten erholten; Auch hier ist es nicht ungewöhnlich, die Zerstörung der gesamten Dicke der Haut ohne entsprechende Beeinträchtigung der darunter liegenden Zellmembran zu beobachten. Die einem Körperteil zugeführte Blutmenge scheint also die Abtötung dieser

Krankheit zu begünstigen. Auf den Grund dieser Besonderheit wird im nächsten Abschnitt eingegangen.

In zwei der im Anhang aufgezeichneten Fälle (Fälle XXII und XXVI) wurde festgestellt, dass die Auskleidungsmembran des Rektums eine sehr dunkle Farbe hatte und in einem Fall hatte sie ein grünliches Aussehen angenommen. Diese Verfärbung wurde zunächst als eine zufällige Komplikation oder als Folge einer früheren Krankheit angesehen. Aber M. Gaspard hat einen ähnlichen Zustand nach der künstlichen Einführung fauliger Flüssigkeit in das Blut bemerkt. [34] In einem der genannten Experimente war die Schleimhaut des Darms überall gesund, außer im *Mastdarm* und *Zwölffingerdarm* . Im ersteren Fall waren die Rugæ auffällig und von violetter Farbe; bei letzterem hatte die Membran die Farbe von hellem Weinhefe. Der so beobachtete Zufall lässt uns glauben, dass derselbe Zustand, der eine Stauung in der Haut hervorruft, eine analoge Erkrankung der Schleimhaut hervorrufen kann. Wir dürfen im Zusammenhang mit diesem Thema auch die Tatsache nicht außer Acht lassen, dass die Schleimhaut der Vagina bei Menschen, die an Wochenbetterkrankungen sterben, gelegentlich eine dunkelviolette Farbe aufweist.

In der Zellmembran können sich Serum, Lymphe und Eiter ablagern, die in unterschiedlichen Verhältnissen miteinander vermischt sind. Die umgebenden Gefäße sind in diesen Fällen ungewöhnlich klein und die ausströmende Lymphe ist nicht richtig organisiert; Folglich gibt es keine natürliche Grenze für den Desorganisationsprozess und die abgesonderte Flüssigkeit dringt in die umliegenden Teile ein.

Wenn die Muskelstruktur betroffen ist, erfolgt die Eiterung mit großer Geschwindigkeit; An umschriebenen Stellen, um die herum die Fasern vollkommen gesund sind, können Teile der Muskulatur ganz weich und manchmal breiig sein. Gelegentlich lagert sich Eiter an der Außenseite der Muskeln ab; und es wird dann über die Oberfläche verschmiert und eher in das Zellgewebe infiltriert, als dass es in einer Zyste enthalten wäre. Auch im Inneren der Muskeln fehlt die natürliche Entzündungsgrenze; aber infolge der kompakteren Struktur des Teils bleiben die Materieablagerungen im Allgemeinen begrenzt.

Das Gehirn und seine Membranen weisen bei Menschen, die an einer sekundären Entzündung sterben, häufig kranke Erscheinungen auf; Diese können größtenteils völlig unabhängig von irgendwelchen besonderen Auswirkungen der Krankheit sein; aber in einigen Fällen scheint es wahrscheinlich, dass sie nicht ganz ohne Zusammenhang damit stehen. In einem der begleitenden Fälle wurde festgestellt, dass die *Pons Varolii* und *die Medulla oblongata* infolge einer Stauung rosa gefärbt waren, wo das System durch die Absorption von erkranktem Sekret kontaminiert worden war; und in einem anderen Fall wurde eine Schicht eitriger Lymphe in der Höhle der Arachnoidea gefunden, begleitet von Anzeichen entzündlicher Wirkung im vierten und in einem der Seitenventrikel.

Die serösen Membranen sind besonders anfällig für den Angriff sekundärer Entzündungen; und wenn sie betroffen sind, eitern sie mit größter Bereitschaft. Sie weisen im Allgemeinen nur einen geringen Grad an Vaskularität auf und erscheinen manchmal kaum stärker injiziert als in ihrem natürlichen Zustand. In der Bauchhöhle werden häufig große Mengen unorganisierter Lymphe ausgeschüttet, vermischt mit trübem Serum oder Eiter. Die Synovialmembranen der Gelenke scheinen bei Befall direkt in die Eiterung überzugehen und werden sich in sehr kurzer Zeit mit Eiter aufblähen. Die Pleura hingegen wird zunächst selten eitern; aber Lymphe wird sich auf seiner Oberfläche ablagern und seine Höhle wird trübes Serum enthalten, das gelegentlich mit Blut vermischt ist.

XI. In den ersten Abschnitten wurden die Veränderungen betrachtet, die im Blut sowohl innerhalb als auch außerhalb des Körpers durch die Beimischung von eitrigen oder erkrankten Sekreten hervorgerufen werden; und im letzten Abschnitt wurden die postmortalen Erscheinungen beschrieben, die in den verschiedenen Organen derjenigen beobachtet wurden, die infolge sekundärer Entzündungen gestorben sind. Es bleibt nun übrig, diese beiden Beobachtungsreihen miteinander zu verbinden und die Beziehung, in der sie zueinander stehen, nachzuzeichnen.

Die direkteste Art und Weise, wie erkranktes Blut in den Teilen, zu denen es geleitet wird, Krankheiten hervorruft, besteht darin, ihnen seinen eigenen Zustand mitzuteilen. Auch körperfremde Stoffe, die in keiner natürlichen Verbindung zum Körper stehen, können auf diese Weise über das Blut transportiert und in den Organen des Körpers abgelagert werden. Hunter berichtet von einem Fall [35], in dem ein Anstreicher, dessen Hände und Beine seit geraumer Zeit gelähmt waren, einen Oberschenkelbruch erlitt und etwa drei Wochen später an den Folgen des Unfalls starb: „Bei der Untersuchung des … Nach dem Tod hatten die Muskeln, insbesondere die der Arme, ihre natürliche Farbe verloren; aber statt ligamentär und halbdurchsichtig zu sein, wie es bei gewöhnlichen Lähmungen der Fall ist, waren sie undurchsichtig und ähnelten in ihrem Aussehen genau Teilen, die in einer Lösung von Goulard getränkt waren Extrakt. Aus diesem Fall geht hervor, dass das Blei offensichtlich mit dem Blut in die Muskeln selbst transportiert wurde. Das Blut kann somit Fremdstoffe aufnehmen und zurückhalten, die in der Lage sind, die Feststoffe zu zerstören."

in verschiedene Teile des Körpers gelangen und dort ihre chemischen Wirkungen hervorrufen können, wird man leicht zugeben, dass eine mechanische oder lebenswichtige Wirkung, die im Blut begonnen hat, darin fortgesetzt werden kann wenn es in einen anderen Teil des Körpers bewegt wird.

Bei denen, die an sekundären Entzündungen sterben, kann das Ergebnis solcher Handlungen häufig vom Ursprung der primären Verletzung bis zum Herzen selbst zurückverfolgt werden; und da bereits gezeigt wurde, dass kontaminiertes Blut eine krankhafte Wirkung auf die Gefäße überträgt, in denen es enthalten ist (Abschnitt III), besteht keine Schwierigkeit mehr, die plötzliche Art und Weise zu erklären, in der diese Krankheit ein bestimmtes Organ befallen kann oder die unerwartete Art und Weise, in der sich die Symptome von einem Körperteil auf einen anderen übertragen können. Die Zustände des Blutes, die bei dieser Krankheit bei der Sektion beobachtet werden können, können, soweit sie das vorliegende Thema veranschaulichen, in zwei allgemeine Ausdrücke zusammengefasst werden: 1. diejenigen, bei denen das Blut eine übernatürliche Tendenz zur Gerinnung hatte darauf eingeprägt; und zweitens diejenigen, bei denen die Gerinnungskraft mehr oder weniger stark beeinträchtigt ist. In einem Fall fand man das Blut im Allgemeinen von dunkler Farbe mit festen und manchmal anhaftenden Gerinnseln in den Gefäßen; im anderen Fall ist es dünn und flüssig.

Wenn dem Blut eine übernatürliche Tendenz zur Gerinnung aufgeprägt wurde, wird es sich in verschiedenen Teilen des Gefäßsystems festsetzen, und zwar in Situationen, die für eine solche Wirkung am günstigsten sind; wenn es dagegen seine Gerinnungskraft verloren hat, ist mit ausgedehnten Ergüssen zu rechnen oder es können sich die unter dem Begriff „gangränöse Diathese" zusammengefassten Symptome manifestieren.

Wenn der Gesamtdurchmesser der Gefäße im Körper abnimmt, fließt das Blut darin schneller und stärker; und wenn es sich in der Nähe des Herzens befindet, wird es infolge der schnellen Bewegung, die ihm dort mitgeteilt wird, in für die Gerinnung ungünstige Umstände gebracht; und wir finden dementsprechend, dass, obwohl sich anhaftende Gerinnsel in den vom Verletzungsherd führenden Venen bilden und von dort durch andere größere Gefäße wandern können, diese gewöhnlich abrupt enden, wenn diese in die Hohlvene münden. Wenn das Blut jedoch in den Hohlräumen des Herzens ankommt, kann sich die Neigung zur Gerinnung erneut manifestieren. Erkrankte Koagula, die ein „fleckiges Aussehen, teilweise braun und teilweise von schmutzig gelber Farbe" aufweisen oder „dunkel gefärbt sind und teilweise aus einer gelblich-grauen undurchsichtigen Substanz bestehen" oder „mit unelastischen Anteilen und von undurchsichtiger gelber Farbe" , werden zwischen den hervorstehenden Fasern der Vorhöfe und Ventrikel verwickelt sein. In den Arterien befindet sich das Blut während des Lebens in den ungünstigsten Bedingungen für die Gerinnung, und zwar infolge des verhältnismäßig geringen Durchmessers ihrer Arterien und der aufeinanderfolgenden Impulse, die ihrem Inhalt mitgeteilt werden; aber auch hier kann es bei sekundären Entzündungen zu erkrankten und anhaftenden Gerinnseln kommen.

M. Cruveilhier [37] berichtet von einem Fall, bei dem nach der Geburt festgestellt wurde, dass die Lungenarterie nach ihren Teilungen mit Gerinnseln gefüllt war. Das Hauptgerinnsel hatte seine Farbe verloren, klebte *an* den Seiten des Gefäßes und enthielt in seiner Mitte puriforme Flüssigkeit.

In einem anderen Fall wurden nach einer Nekroseoperation die folgenden Obduktionserscheinungen beobachtet. Die linke Lunge wies an mehreren Stellen Flecken roter Hepatisierung auf, die vollkommen abgegrenzt waren und so vielen Flecken lobulärer Entzündung ähnelten. Beim Anschneiden zeigten diese Flecken mehrere Punkte puriformer Flüssigkeit. Die *Lungenvenen* enthielten fibrinös aussehende Gerinnsel, die ihre Hohlräume verstopften; und in der Mitte dieser Gerinnsel befand sich eine weißlich eitrig aussehende Flüssigkeit.

Der krankhafte Zustand des Blutes kann so von der ursprünglichen Wunde über die größeren Gefäße bis zum Herzen und wiederum vom Herzen bis zum Kapillarsystem sichtbar verfolgt werden. Die Gerinnungsneigung, die dem Blut einmal aufgeprägt wurde, wird nicht dadurch zerstört, dass die Flüssigkeit in einen anderen Teil des Körpers transportiert wird: Die Aktion kann sowohl durch Bewegung innerhalb als auch aus dem Körper verzögert werden, wird aber dennoch auftreten, wenn sie erfolgt in günstigere Verhältnisse versetzt wird.

In den lebenden Gefäßen kommt es unter diesen Umständen dazu, dass sich das Blut in kleine Mengen aufteilt und sich langsam entlang der Kapillaren bewegt. Das Blut gerinnt dann in umschriebenen Flecken [38], wie die bereits erwähnten ersten charakteristischen Zeichen der Sekundärerkrankung in der Lunge, der Leber, der Milz und der Haut zeigen. Der dazugehörige Teller stammt aus der Lunge eines Esels, in der eitrige Flüssigkeit mit dem Blut zirkulieren ließ. Die Stagnation des Blutes, als der Eiter zum ersten Mal eingeführt wurde, wurde mechanisch verhindert, und die lividen Flecken, die durch die spätere Gerinnung in den Kapillaren der Lunge entstanden, wurden sehr genau dargestellt. (Siehe Experiment Nr. VI.)

„Außer der Veranlagung zur Gerinnung", bemerkt Mr. Hunter, „hat das Blut unter bestimmten Umständen eine Veranlagung zur Trennung der roten Kügelchen und wahrscheinlich aller seiner Teile; denn ich habe Grund zu der Annahme, dass eine Veranlagung zur ... eine Abtrennung des roten Teils und Gerinnung sind nicht dasselbe, sondern beruhen auf zwei verschiedenen Prinzipien. Dies ist bei Blutungen immer zu beobachten; denn wenn wir einen Arm fesseln und nicht sofort bluten, fließt das erste Blut aus der Körperöffnung , oder das, was eine Zeit lang in den Venen stagniert hat, wird sich am schnellsten in seine drei Bestandteile zerlegen: Dieser Umstand legt mehr von der gerinnenden Lymphe an der Spitze frei, was von Unwissenden als Hinweis auf eine stärkere Entzündung angesehen wird, während die nächste Menge eingenommen wird suspendiert seine roten Anteile in der Lymphe und lässt vermuten, dass die erste kleine Menge zum Zeitpunkt ihres Abflusses einen solchen Nutzen hatte, dass sie die gesamte Blutmasse zum Besseren veränderte. Best kann daher als eine Einheit betrachtet werden der unmittelbaren Ursachen der Trennung." *Jäger*, S. 29.

Diese Neigung des Blutes, sich in seine Bestandteile zu zerlegen, kommt in einer Klasse sekundärer Erkrankungen in sehr ausgeprägtem Maße zum Ausdruck. In den serösen Hohlräumen des Körpers kommt es zu ausgedehnten Ergüssen von Serum, Lymphe und Eiter, die in unterschiedlichen Anteilen gemischt sind und in die Zellmembran eindringen, begleitet von sehr leichten Anzeichen einer entzündlichen Wirkung. Der Farbstoff des Blutes wird manchmal auch mit seinen anderen Teilen ausgewaschen; Wenn dies jedoch der Fall ist, wird man feststellen, dass das Blut seine Gerinnungskraft verloren hat, was in dieser Hinsicht einen direkten Gegensatz zum Erguss aus einem gesunden, verletzten Gefäß darstellt. Die abgelagerte Lymphe liegt in unorganisierten Flocken vor, die ihre üblichen Klebeeigenschaften haben, und ist nur sehr leicht an Teilen befestigt, die nur eine geringe oder keine erhöhte Vaskularität aufweisen. Die schnelle Art und Weise, wie diese Ablagerungen stattfinden, zeigt, dass sie ohne einen sehr aufwendigen Prozess vom Blut getrennt werden können. In diesem Zustand des Systems kann jedes Organ, das von der Krankheit befallen ist, schnell desorganisiert werden oder leicht absterben; und nach dem Tod wird sich eine Tendenz zur schnellen Zersetzung manifestieren. Die Venen auf der Körperoberfläche können häufig als dunkelblaue Linien gezeichnet werden, als ob die sie bedeckende Haut mit dem Farbstoff des Blutes befleckt wäre. Die Lunge und andere Organe können unter diesen Umständen in jedem Grad der Desorganisation gefunden werden, bis sie alle Merkmale einer Gangrän aufweisen: in einigen Fällen wird sogar der eigentümliche Geruch vorhanden sein, der die Abtötung der Lunge begleitet. An verschiedenen Stellen kann auch eine Tendenz zur Bildung von Petechienflecken beobachtet werden; und selbst die Organe, die nicht der eigentliche Ursprung der Krankheit gewesen zu sein scheinen, haben ihre Konsistenz verloren und zerfallen bei verhältnismäßig geringem Druck.

Herr Hunter fand heraus, dass das Blut in dem Maße, wie es die Fähigkeit zur Gerinnung beibehielt, auch die Fähigkeit hatte, der Fäulnis zu widerstehen; und umgekehrt beobachten wir, dass in dieser Klasse von Fällen der Mangel des ersteren in deutlicher Weise mit dem Fehlen des letzteren einhergeht.

Die beiden Blutzustände, die jetzt erwähnt wurden, scheinen in direktem Zusammenhang mit den beiden Klassen postmortaler Erscheinungen zu stehen, die bei sekundären Entzündungen beobachtet werden: Die erste steht im Allgemeinen im Zusammenhang mit der Stauung verschiedener Organe während der ersten Stadien der Entzündung die Krankheit, die zweite mit ausgedehnten Ergüssen, begleitet von vergleichsweise geringer Vaskularität.

XII. Die Behandlung sekundärer Entzündungen unterteilt sich naturgemäß in lokale und konstitutionelle Entzündungen, sowohl hinsichtlich der primären Läsion als auch der Folgeerkrankungen. Es hat sich gezeigt, dass die Umstände, die die Erstheilung in den Venen behindern, in einer großen Klasse von Fällen dieselben sind wie diejenigen, die der Bildung eitriger Ablagerungen vorausgehen. Was auch immer dann dazu neigt, die gesunde Wiederherstellung einer verletzten Vene zu begünstigen, kann als Sicherheit gegen jede nachfolgende Krankheit angesehen werden; und der Hauptzweck der lokalen Behandlung besteht vielleicht darin, zu verhindern, dass zufällige Umstände den natürlichen Reparaturprozess beeinträchtigen. Wenn die Kräfte der Konstitution geschwächt sind, können sogar die natürlichen Bewegungen eines Körperteils die Genesung behindern, und Ruhe wird manchmal zu einem wichtigen Ziel der Behandlung. Wie notwendig dies nach der Geburt ist, wenn die geteilten Venen verschlossen werden, weiß praktisch jeder, der solche Fälle erlebt hat.

Wiederum entzündet sich der Arm nach einer Blutung in einem viel größeren Anteil der Fälle, wenn der Patient gezwungen ist, seiner gewohnten Beschäftigung nachzugehen, oder wenn die Arme aufgrund zufälliger Umstände (wie aufgrund der Schmerzen im Fall i) festgehalten WERDEN Bewegung. Mir ist aufgefallen, dass am Tag nach längeren Versuchen, gebrochene Knochenteile in Position zu bringen, Symptome eitriger Ablagerungen auftraten. In all diesen Fällen kann jede äußere Gewalt (wie in Experiment Nr. VI) oder sogar die Bewegung des Körpers, wie im Fall von Dr. Davis (Abschnitt IV), die gebildeten Gerinnsel lösen, entweder zwischen den verletzten Rändern oder in der Hohlräume von Venen.

Bei der Behandlung der lokalen Verletzung hat uns Herr Hunter einen wertvollen Hinweis hinterlassen, der direkt mit der Betrachtung der Pathologie der Krankheit zusammenhängt. „Die Art und Weise, wie wunde Arme nach einer Blutung auftreten, zeigt deutlich, dass sie aus der Wunde entstehen, die ursprünglich nicht geheilt wurde"; und er empfiehlt, dass die beiden Seiten der Vene durch eine Kompresse angenähert werden sollten, bis eine Vereinigung der geteilten Ränder stattgefunden hat.

Es wurde mit höchster Autorität gezeigt, dass sich die Seiten einer Vene nach der Venesektion nicht vereinigen (wie manchmal angenommen wurde, dass es sich um die Meinung von Mr. Hunter handelt); aber dass nur die geteilten

Ränder des Gefäßes durch das Koagulat verklebt werden, das „als Bett für die neue Membran dient." Anders verhält es sich jedoch, wenn dieser erste Versuch einer Vereinigung scheitern sollte; Die Seiten des Gefäßes können sich dann vereinigen und seine Höhle eine Zeit lang verstopfen (Abschnitt IV). Die Annäherung der Seiten der Adern würde diesen Vorgang, der unter den gegebenen Umständen die natürliche Sicherheit gegen das Eindringen von Fremdkörpern darstellt, wesentlich erleichtern. Wenn der Verdacht besteht, dass sich in einer Vene ein Abszess gebildet hat, empfiehlt Hunter eine ähnliche Behandlungsmethode; Die Kompresse wird in diesem Fall zwischen dem entzündeten Teil und dem Zentrum des Kreislaufs platziert. Im pathologischen Museum des College of Surgeons zeigt eines von Herrn Hunters Präparaten (Nr. 1728) einen solchen Fall, bei dem sich der Inhalt des Abszesses aufgrund der unvollständigen Verbindung einer Vene mit dem Blut vermischt hatte.

Da der Prozess der Wiedergutmachung von den Autoren unterschiedlich beschrieben wurde, führten die unterschiedlichen Theorien zu unterschiedlichen Behandlungsarten. An der Veterinärmedizinischen Hochschule wurde sogar in den letzten Jahren öffentlich gelehrt, dass ein Gerinnsel in einer Vene eine Fremdsubstanz sei und entfernt werden müsse; und die Halsschlagader bei Pferden, die ausgeblutet worden war, wurde manchmal mehrere Zoll lang aufgeschlitzt, um die Gerinnsel zu entfernen, die sich in aufeinanderfolgenden Abschnitten ihres Verlaufs bildete.

Dass ein Koagulat in einer Vene eine reizende Substanz sein kann, ist vollständig bewiesen (Abschnitte I und II); aber die Reizung beruht auf der zufälligen Beimischung von Fremdstoffen; und die Entzündung der Venen, die durch den Kontakt mit unreinem Blut hervorgerufen wird, muss sorgfältig von der natürlichen Art der Vereinigung durch die erste Absicht unterschieden werden.

Die Entfernung von Gerinnseln, die sich rund um eitriges Sekret gebildet haben (sofern ein solches erkannt werden konnte), könnte bedeuten, eine Reizursache zu beseitigen; aber sie in gewöhnlichen Fällen zu entfernen, bedeutet, die Mittel zu entfernen, die die Natur für die Wiederherstellung und Sicherheit des Teils vorbereitet hat. Bei Operationen an großen Gefäßen scheinen die örtlichen Bedingungen, die die Wirkung in den Venen beeinflussen können, noch nicht vollständig geklärt zu sein; Denn während einige Chirurgen das Abbinden oder Durchtrennen einer Vene als einen schwerwiegenden Eingriff betrachten, haben andere die Angewohnheit, dies ohne ungewöhnliche Vorsichtsmaßnahmen durchzuführen. Bei Operationen an Hämorrhoidentumoren sind die betroffenen Venen von einiger Größe, und in zwei der im Anhang aufgeführten Fälle folgte auf eine an ihnen angelegte Ligatur eitrige Ablagerungen. Bei der üblichen Art und Weise, eine mit einer doppelten Ligatur versehene Nadel durch die Basis eines solchen Tumors zu führen, werden die Hämorrhoidenvenen zwangsläufig manchmal verletzt, und es besteht die Gefahr, dass beim Binden der Ligaturen die Seiten einer verletzten Vene auseinandergezogen werden . Das Gefäß kann somit offen gehalten werden und sich in einem ähnlichen Zustand befinden wie die Gefäße in Knochenstrukturen.

Eine sichere Methode zur Durchführung dieser Operation besteht, sofern zulässig, darin, einen Teil der Schleimhaut mit starker Salpetersäure zu zerstören. Das Blut in den Gefäßen verkohlt dann und ihre Hohlräume verstopfen, bis sie durch eine adhäsive Entzündung dauerhaft verschlossen werden. Jedes Mittel zur Behandlung einer lokalen Verletzung, die zu einer gesunden Verbindung oder Adhäsion führt, kann in gewisser Weise als vorbeugende Behandlungsmethode angesehen werden. Position, topische Anwendungen, Verbände und Temperatur können alle einen Einfluss auf diese gesundheitsfördernden Wirkungen haben; Da aber die Wunden, die eitrigen Ablagerungen vorausgehen, im Allgemeinen durch schwache Kräfte gekennzeichnet sind, sind vor allem solche Zustände indiziert, die dazu neigen, die Teile zu beleben. „Wenn die Aktion größer ist als die Kraft, sollte alles verwendet werden, was die Tendenz hat, die Kraft über die Reizbarkeit hinaus zu steigern: Das Ziel dieser Praxis besteht darin, die Stärke der Konstitution und der Teile so nahe wie möglich an die Aktion heranzuführen, wodurch." bedeutet, dass eine freundliche Lösung oder Vereiterung stattfinden kann, je nachdem die Teile handlungsfähig sind. Die Reizbarkeit einer Wunde erscheint häufig nichts anderes als eine Reihe von Versuchen, eine Handlung herbeizuführen, zu deren Ausführung sie nicht in der Lage ist: Sobald das erfüllt ist, was die Notwendigkeit der Teile für ihren gesunden Zustand erfordert, wird die Reizung eintreten aufhören. In solchen Fällen beugt alles, was die Kraft zur Durchführung der beabsichtigten Aktion verleiht, einer Entzündung vor. Allerdings werden keine lokalen Anwendungen ausreichen, um diese Wirkung zu erzielen, es sei denn, dass gleichzeitig die Befugnisse der Verfassung unterstützt werden.

Ein schwerer Mann wurde durch einen Eisendorn am Hinterkopf verletzt; Er wurde sehr niedrig gehalten und beklagte sich gelegentlich über Nahrungsmangel. Im Abstand von ein bis zwei Tagen kam es zu wiederholten Blutungen, die durch keine lokale Anwendung unterdrückt werden konnten, und er starb schließlich an den Folgen von Blutverlust. Es wurde festgestellt, dass sich die Wunde durch den Knochen bis in den lateralen Sinus erstreckte, der nur etwas flüssiges Blut enthielt. Es hatte weder eine entzündliche Aktion im Schädel stattgefunden, noch war offensichtlich versucht worden, das verletzte Gefäß zu verschließen. Jegliches verunreinigte Sekret, das mit den verletzten Rändern des Gefäßes in Kontakt kommt, hätte in einem solchen Fall freien Zugang zum Kreislauf.

Die verfassungsrechtliche Behandlung von Fällen, bei denen es zu eitrigen Einlagen kommen kann, ist von größter Bedeutung; denn während der Heilung der primären Wunde kann das System durch Heilmittel beeinflusst werden, die später völlig nutzlos sein können. Es ist offensichtlich, bemerkt M. Cruveilhier, [39] , dass die Behandlung von Venenentzündungen auf die erste Periode der Krankheit, nämlich die der Blutgerinnung, konzentriert werden sollte; Denn sobald sich Eiter mit dem zirkulierenden Blut vermischt hat, nützt die Medizin im Allgemeinen nichts mehr. Wenn es Anzeichen für eine Ausbreitung einer Entzündung entlang einer Vene gibt, ist die in diesem Land üblicherweise angewandte Behandlungsmethode die Verabreichung von Kalomel und Opium; und in Frankreich allgemeine Blutungen, vor allem aber die Anwendung einer großen Anzahl von Blutegeln. „Wir können Venenentzündungen, unabhängig von ihrer Lage, durch allgemeines Aderlassen und insbesondere durch örtliche Blutungen unterdrücken, die ausreichend oft und in ausreichender Menge wiederholt werden!" [40] Zwar erholen sich die Patienten nach einer solchen Behandlung; aber die veröffentlichten Aufzeichnungen von Fällen enden nicht selten mit einer Beschreibung wie der folgenden: „Dem Patienten wurde wiederholt Blut abgenommen, und jedes Mal war eine offensichtliche Erleichterung zu verzeichnen, da das Blut äußerst zähflüssig war. Zwei Tage vor dem Tod war jedoch das lebenswichtige Prinzip *erreicht so erschöpft, dass ich auf die Verwendung von Likörgetränken angewiesen war!!* "

Wenn die bereits gegebene Erklärung der Adhäsionsart in den Venen korrekt ist, kann weder die Angemessenheit der Blutung noch die Verabreichung von Quecksilber in der Regel durch eine Betrachtung der Pathologie der Krankheit ausreichend gestützt werden. Es mangelt noch an sorgfältigen Vergleichserfahrungen, bevor wir uns ein zufriedenstellendes Urteil über den Wert dieser Heilmittel bilden können. Die theoretischen Ansichten, auf denen sie beruhten, werden weder durch die statistischen Aufzeichnungen der Fälle noch durch die Prinzipien der gesunden Physiologie bestätigt. Die zahlenmäßigen Belege, die uns in manchen Fällen vorliegen, deuten sogar auf einen entgegengesetzten Behandlungsplan hin.

In einer Zeit, in der das Wochenbettfieber weit verbreitet war, wurden vierzig Fälle, die von irgendeiner Form der Krankheit befallen waren, „ohne Blutung oder Blutegel oder ohne Versuch, die konstitutionellen Wirkungen von Quecksilber hervorzurufen, behandelt; und von diesen starben nur zwei." [41] „Bei gereizten Gewohnheiten, wenn die Entzündung diffuser wird", sagt Herr Hunter, „sollten Blutungen mit großer Vorsicht durchgeführt werden: Selbst ein schneller, harter Puls und dickes Blut sind nicht immer als sicher zu betrachten." Hinweise darauf, dass Blutungen die richtige Methode zur Beseitigung der Entzündung sind; es muss noch mehr berücksichtigt werden. Es ist von großer Bedeutung, die Art des Blutes zu kennen; denn obwohl es sich als groß erweisen sollte, liegt es doch gedrungen im Becken, und die Konsistenz ist nicht fest, und wenn die Symptome gleichzeitig sehr heftig sind, muss die Blutung, wenn überhaupt, nur sehr sparsam durchgeführt werden; denn ich vermute, dass es bei einem solchen Blutzustand bei anhaltenden Symptomen nicht zu Blutungen kommt die richtige Art der Behandlung. Wenn wir Medikamente hätten, die, wenn sie intern verabreicht werden, in die Konstitution aufgenommen werden könnten und mit der Fähigkeit ausgestattet wären, die Gefäße zusammenzuziehen, dann wären das meiner Meinung nach richtige Medikamente. Bark hat sicherlich diese Eigenschaft , und ist, glaube ich, von einzigartigem Nutzen bei jeder Entzündung, die mit Schwäche einhergeht; und daher sollte es meiner Meinung nach häufiger gegeben werden, als es üblicherweise der Fall ist.“

Bei blutenden Frauen, die während einer Epidemie an Puerperalfieber litten und die Krankheit häufig in eitrigen Ablagerungen endete, habe ich gelegentlich fast unmittelbar nach der Operation eine unregelmäßige, durchsichtige bläuliche Schicht auf der Blutoberfläche bilden sehen; Infolgedessen wurde manchmal auf eine Wiederholung der Blutung zurückgegriffen, wenn die weiteren Stadien der Krankheit darauf hindeuteten, dass sie nicht erforderlich gewesen war. Die durchsichtige Lymphschicht auf der Oberfläche des Blutes kann in solchen Fällen nur ein Hinweis auf seine Tendenz sein, sich in seine verschiedenen Teile aufzuteilen, wie zuvor beschrieben. Unter solchen Umständen können starke Blutungen, da sie dazu neigen, die bereits geschwächte Gerinnungsfähigkeit des Blutes zu vermindern, zu einer Infektion des Systems und zur Bildung eitriger Ablagerungen führen. Der Einfluss von Quecksilber auf das System, wie im Fall XXVI DARGESTELLT , könnte die gleiche Tendenz haben.

Die Wirkung von Quecksilber ist, soweit sie auf der Körperoberfläche nachgewiesen werden kann, sicherlich sowohl für die Erstheilung als auch für die adhäsive Entzündung ungünstig; und da die Sicherheit des Patienten nach einer Verletzung oder Wunde von der ordnungsgemäßen Durchführung dieser Prozesse abhängt, muss ihre Auswirkung auf das System zumindest als zweifelhafter Vorteil angesehen werden.

Wenn Speichelfluss induziert wurde, wird Serum ausgeschüttet und die Textur des Zahnfleisches wird gelockert und schwammig. Wenn Lymphe auf die Iris strömt, löst die Wirkung des Quecksilbers ihre Verklebungen und löst ihre Verbindungen auf; Es kann daher nicht angenommen werden, dass seine Wirkung auf das System die Verbindung geteilter Gefäße stärker oder die neu gebildeten Verwachsungen in Wunden fester machen sollte.

Die Fälle, in denen sich meist eitrige Ablagerungen bilden, deuten auf einen geschwächten Konstitutionszustand hin. Sie kommen in Großstädten viel häufiger vor als auf dem Land und im Krankenhaus als in Privatpraxen. Die deprimierenden Einflüsse, die Erysipel oder Wochenbettfieber hervorrufen, begünstigen auch die Bildung dieser Abszesse; Und da zu den Ursachen der ersteren eine dürftige Ernährung, Blutverlust, kräftezehrende chirurgische Eingriffe und überfüllte Räume zählen, kann man davon ausgehen, dass sie die Entstehung der letzteren begünstigen.

Über die Behandlung von Venenentzündungen, bei denen häufig eitrige Ablagerungen entstehen, wird nach reifer Beobachtung so gesprochen: „Alle Erfahrungen, die ich zu diesem Thema gemacht habe, würden mich zu der Annahme führen, dass es, wie das Erysipel, seinen Ursprung hat." in einem niedrigen asthenischen Zustand des Systems, und dass diejenigen Personen besonders anfällig dafür sind, die durch Blutungen zum Zeitpunkt einer Operation oder durch eine zu spärliche Diät danach stark geschwächt wurden. Eine Operation ist ein Schock für das System, Dies stellt eine große Belastung für die Lebenskräfte dar. Die Auswirkungen dieses Schocks werden oft durch Blutverlust noch verstärkt, und eine sehr dürftige Ernährung macht den Patienten tatsächlich anfälliger für bestimmte Arten von Entzündungen. Unsere Vorgehensweise sollte eher darin bestehen, aufrechtzuerhalten seine Kräfte zu verbessern, indem er ihm eine gesunde Ernährung ermöglicht und den Einfluss der anderen deprimierenden Ursachen, der noch schlimmeren Ursache des Hungerns, nicht verstärkt." [42]

Der senkende Einfluss von Quecksilber kann in ähnlicher Weise betrachtet werden. Es besteht kaum ein Zweifel daran, dass es zwar einerseits die Absorption verunreinigter Flüssigkeiten begünstigt, andererseits aber auch dazu führen kann, dass das System weniger widerstandsfähig gegen die schädlichen Folgen ist, die sie hervorrufen.

Da viele Umstände, abgesehen von bloßer Schwäche, dazu neigen, die Lebenskräfte zu schwächen, dürfen tonische Medikamente und eine großzügige Ernährung nicht als die einzigen vorbeugenden Behandlungsmethoden angesehen werden. Jeder Fall, der in der Praxis auftritt, kann eine Besonderheit aufweisen; in einem Fall wird festgestellt, dass der Patient zuvor an Diabetes gelitten hat; in einem anderen Fall aufgrund einer Milzerkrankung; und in einem dritten Fall aufgrund einer organischen Nierenerkrankung; und in jedem dieser Fälle kann eine besondere Behandlungsweise erforderlich sein.

Die allgemeine Behandlung dieser Krankheit ist, nachdem die Bildung eitriger Ablagerungen begonnen hat, wahrscheinlich ebenso wenig zufriedenstellend wie bei allen anderen, die unter die Aufsicht des Chirurgen fallen. Der gesamte Charakter der Zuneigung ist durch das gekennzeichnet, was treffend als kraftloses Handeln bezeichnet wird. Die Erregung des Systems wird alle Vorgänge einer echten Entzündung nachahmen, ohne deren gesunde Folgen zu haben; und Energieverlust tritt unmittelbar nach oder sogar in Verbindung mit den ersten Symptomen einer gesteigerten Wirkung auf.

Bei der Behandlung solcher Fälle muss berücksichtigt werden, dass die sekundären Entzündungen nicht die Krankheit, sondern die Wirkung einer verborgenen Ursache sind, die sich in jedem Teil des Systems entwickeln kann; und dass, während die Linderung eines Organs durch Erschöpfung oder quecksilberhaltige Heilmittel angestrebt wird, dem latenten Übel zusätzliche Kraft verliehen werden kann, um es eher bereit zu machen, sich an einem anderen Teil zu entwickeln.

Wenn eitrige Ablagerungen auftreten, gehen die plötzlichen Stauungen, die ihren Beginn anzeigen, nicht mit reparativen Wirkungen einher, und die Lymphe, die im zweiten Stadium ihrer Bildung ausströmt, ist nicht in der Lage, die Entzündung zu umgrenzen und zu begrenzen; Es gibt daher keinen natürlichen Prozess, durch den solche Flüssigkeitsansammlungen evakuiert werden könnten. Wenn sie sich daher in der Nähe der Oberfläche befinden, sollten sie geöffnet werden, sobald sie entdeckt werden. Es kommt manchmal vor, dass, nachdem die Symptome einer sekundären Entzündung innerer Organe begonnen haben, ein Abszess nahe der Körperoberfläche auftritt und der zuerst betroffene Teil Linderung verschafft; zu anderen Zeiten geht der Genesung ein hartnäckiger und heftiger Durchfall voraus. Auch wenn die angewandte Behandlungsmethode kaum einen Einfluss darauf hat, solche heilsamen Maßnahmen hervorzurufen oder zu stoppen, ist es wichtig, ihr Auftreten zu beobachten und vielleicht noch wichtiger, darauf zu achten, dass eine Abhilfemaßnahme nicht mit einem Symptom der Krankheit verwechselt wird Krankheit.

„Welche Behandlung", sagt Cruveilhier, „sollen wir einer eitrigen Infektion entgegentreten? Zu dieser Frage ist die Erfahrung noch stumm, während die Theorie auf diffusionsfähige Reize und Stärkungsmittel, auf Ammoniak, Chinin und schweißtreibende Mittel, auf heiße äußere Anwendungen, zu Dampfbädern, zu Abführmitteln und insbesondere zu Brechmitteln; zu weinsäurehaltigem Antimon in großen Dosen; zu Blasenmitteln und zu starken Diuretika. Calomel wurde häufig verwendet, um einen Fluss aus der Darmschleimhaut zu erzeugen; aber alle diese Mittel haben es getan In meinen Händen scheiterte es ebenso deutlich wie in denen anderer; doch wenn auf die Injektion fauliger Stoffe in die Venen lebender Tiere reichliche und sehr stinkende Ausscheidungen folgten, verliefen sie in der Regel gesund. Es ist eine grundlegende Tatsache der Pathologie, dass bei Krankheiten, die durch Miasmen verursacht werden, hauptsächlich der Darmkanal betroffen ist. Ich bin sicher, dass Krankheiten, die aus einer eitrigen Infektion resultieren, nicht mit dem Siegel der Unheilbarkeit versehen würden und dass die Natur, unterstützt durch die Kunst, in den meisten Fällen siegen würde, wenn die Eiter, der sich ständig erneuert, hat die Infektionsquellen nicht ständig erneuert. Sobald sich konstitutionelle Symptome manifestieren, bringen weder allgemeine noch lokale Blutungen einen Vorteil. Ein Teil der *Materies morbi* wird zweifellos mit dem Blut abstrahiert; aber da es ständig reproduziert wird, wird der Konstitution nur die Kraft entzogen, die sie sonst hätte, der Krankheit zu widerstehen." [43] In Übereinstimmung mit dieser Bemerkung stellte M. Gaspard fest, dass Tiere, die sich nach der Injektion von a Wenn eine bestimmte Menge Eiter in ihre Venen gelangte, starben sie oft ab, wenn das Experiment wiederholt wurde. Der Genesung gingen gewöhnlich schwarze, flüssige und äußerst übelriechende Ausscheidungen voraus, die oft eine sofortige Linderung zu bringen schienen. Wenn solche Ausscheidungen bei anderen Krankheiten stattgefunden haben, ist die Es wurde festgestellt, dass die Gallenblase mit schwarzer Galle überfüllt ist; [44] und es erscheint wahrscheinlich, dass die Leber in diesen Fällen eines der Hauptorgane ist, durch das die Reinigung des Systems versucht wird Wenn das System überprüft werden könnte, könnte die Wirkung von Quecksilber in diesem Stadium der Krankheit von Nutzen sein, indem es der Leber oder anderen Organen ermöglicht, ihre verunreinigten Sekrete abzuwerfen. Wenn sich Patienten von eitrigen Ablagerungen erholen (Fälle III und XXVII), können sie bleiben oft in einem geschwächten und trägen Zustand zurück, in dem gewöhnliche Stärkungsmittel kaum Einfluss haben. Die Folgen der Krankheit scheinen im System zu hängen, lange nachdem die Ursache, die sie verursacht hat, beseitigt ist. Der Puls bleibt manchmal gereizt und es besteht eine Tendenz zur Störung der Sekretion der Haut, des Darms und anderer Organe, begleitet von gelegentlichen leichten Fieberanfällen. Bei diesem Zustand hat sich eine alternative Gabe von Quecksilber in Kombination mit Sarsaparilla als vorteilhaft erwiesen. Indem diese Mittel die Aktivität der Ausscheidungsorgane stimulieren, können sie der Konstitution dabei helfen, die Krankheit abzuwehren. und ihre Wirkungsweise kann die gleiche sein wie in anderen Fällen, in denen das System durch ein Tiergift infiziert wurde.

ANHANG DER FÄLLE.

A. Fälle von sekundärer Entzündung, begleitet von Abtötung der Haut.

FALL I. William Ford, 33, ein scheinbar gesunder Mann, wurde am 28. Dezember in Harrow mit den Symptomen einer erwürgten Hernie befallen. Er war in beiden Armen geblutet; Da der Leistenbruch jedoch nicht verheilt war, wurde er in einem Zustand erheblicher Unruhe und Leiden in die Stadt geschickt. Während seiner Reise kehrte der Leistenbruch von selbst zurück. Er ging ziemlich erleichtert und blieb bis zum 31. gesund, als er einen Schüttelfrost bekam. Am 1. Februar herrschte eine erhebliche fieberhafte Erregung, und der vordere Teil des linken Arms war rot, geschwollen und schmerzte bei Druck. Die Druckempfindlichkeit und der Schmerz breiteten sich bald bis zum Arm aus, im Verlauf der Vena cephalica; die Rötung nahm den Charakter eines Erysipels an. Am 3. litt er unter Übelkeit, das Erbrochene war grün und säurehaltig. Er hatte zwei schwere Anfälle, gefolgt von großer Hitze auf der Haut und einem schnellen, vollen Puls. Aus der Öffnung im linken Arm strömte eine dünne seröse Flüssigkeit aus. Am 4. klagte er über Steifheit im rechten Arm; auch sehr schwach und schwach zu sein. 5. Bin nachts viel umhergewandert. Der rechte Arm war am Ende des Ellenbogengelenks stark geschwollen und zeigte über dem Kondylus einen hellroten Fleck. Der Puls war schwach und zitternd; Gelegentlich wurden Bewegungen der Hände beobachtet. Er klagte über Schmerzen im Ringfinger der rechten Hand und im Fußballen der rechten großen Zehe. In beiden Situationen hatte die Haut ein rotes Aussehen angenommen. 6. War den größten Teil der Nacht im Delirium; Gesichtsausdruck, der große Angst ausdrückt; Puls sehr schwach; Zunge mit braunem, trockenem Fell bedeckt; starker Schweiß; klagte über starke Schmerzen in den Waden seiner Beine. Er starb in der folgenden Nacht.

Obduktionen. Auf der Außenfläche der linken Kopfvene wurde eine kleine Ablagerung von dickem Eiter gefunden. Das Blut war in seiner Höhle geronnen, seine Hüllen waren verdickt und seine Auskleidungsmembran erschien sehr rot. Diese Rötung konnte, wenn auch in geringerem Ausmaß, über die gesamte Ausdehnung der Vena innominata verfolgt werden. Auf der rechten Seite war das Zellgewebe sowohl oberhalb als auch unterhalb des Ellenbogengelenks stark mit Serum aufgebläht. Die Kopfvene des rechten Arms wies Anzeichen einer Entzündung auf; aber nicht annähernd im gleichen Ausmaß wie auf der gegenüberliegenden Seite. Die Gelenke, in denen im Laufe des Lebens Schmerzen aufgetreten waren, waren mit trübem Eiter aufgebläht; Eiterablagerungen wurden auch im vorderen Mediastinum und zwischen Speiseröhre und Luftröhre gefunden. In der Haut der Wade des rechten Beins wurde ein großer gangränöser Fleck beobachtet. Das darunter liegende Zellgewebe war stark mit Serum aufgebläht.

FALL II. Bei Richard Mason wurde ein kleiner Krebstumor an der Unterlippe entfernt. Die Operation wurde auf die übliche Weise durchgeführt und die Wunde schien wie erwartet zu heilen; Später trat jedoch in der Nähe der Narbe ein kleiner Abszess auf, dem eine gewisse Geschwürbildung folgte. Neun Tage nach der Operation klagte er über Halsschmerzen und allgemeines Unwohlsein, drei Tage später wurde er von Schüttelfrost befallen, gefolgt von kaltem Schweiß und Koma.

Obduktionen. Unter der Faszie des linken Oberschenkels wurde eine kleine Materialablagerung gefunden. Die Synovialmembran des linken Knies war stark entzündet und enthielt eine große Menge Eiter. Auf der rechten Seite zeigte die Haut der gesamten unteren Extremität ein dunkles livides Aussehen, mit Ausnahme der Haut am vorderen Teil des Oberschenkels. Die gleiche dunkle Farbe wurde in den Muskeln der Extremität beobachtet, die mit Blut und Serum infiltriert waren. Die Arterien und Venen waren verfärbt, zeigten aber sonst nichts Auffälliges. Es wurde festgestellt, dass dieser Patient vor zwei Jahren an Diabetes gelitten hatte; und bei der Untersuchung des in der Blase gefundenen Urins wurde festgestellt, dass dieser Zucker enthielt.

FALL III. Jane Thornton, æt. 32, kam am 22. März in Behandlung. Eine Woche zuvor war ihr rechter Knöchel gerötet und schmerzte, und die Entzündung breitete sich anschließend bis zur Innenseite des Beins aus. Als sie zum ersten Mal gesehen wurde, war sie offensichtlich sehr angeschlagen, obwohl man nicht sagen konnte, dass ein Organ besonders betroffen war. Am 28. März wurde sie von heftigen Schüttelfrost befallen und hatte Schmerzen in verschiedenen Teilen ihrer Gliedmaßen; der Schüttelfrost wiederholte sich mehrere Tage hintereinander. Die Beinentzündung verschwand nun vollständig und sie klagte über Schmerzen im leicht geschwollenen rechten Knie. Am 31. entspannte sich ihr Darm deutlich; es gab große allgemeine Depression und große nervöse Unruhe. Beide Knie waren geschwollen. Die allgemeinen Symptome wurden nun etwas gelindert; Doch am 4. April wurde sie von Erbrechen befallen, das tagsüber häufig wiederkehrte und von großer Depression und starken Schmerzen im Oberbauch begleitet war. Am 5. hielt die Krankheit an, scheinbar unbeeinflusst von irgendwelchen Heilmitteln. Sie schied beträchtliche Mengen Blut mit dem Stuhl aus, ihr Gesicht hatte einen dunkelgelben Farbton, der Puls war erregt, ohne Kraft, und das Gefühl der Depression war stark verstärkt. Am 7. hielt das Erbrechen immer noch an und sie hatte immer noch Blut im Stuhl. Einige dunkelviolette Flecken erschienen nun auf ihrem Gesicht. Die Hände waren beide leicht geschwollen; und auf der rechten Seite erschienen einige kleine, dunkle, bläuliche Flecken, ähnlich denen im Gesicht. Sie litt sehr unter Schluckauf. Am 9. war das Gesicht sehr ängstlich, der Teint blasser: Auf dem Gesicht und auf den Wangen erschienen noch mehr blasse Flecken. Die rechte Hand und der rechte Arm waren geschwollen und schmerzten; auf den Knöcheln erschienen einige frische livide Flecken. Klagte über starke Ohnmacht; hatte extreme Schwäche mit gelegentlichem Schluckauf; extrem schwacher Puls; die Körperoberfläche war mit kaltem Schweiß bedeckt. Die Krankheit hatte vollständig aufgehört und es war kein Blut in den Bewegungen zu sehen: Die Zunge war in der Mitte ziemlich trocken, aber einigermaßen sauber. 10. Sie wanderte in der Nacht ein wenig umher und erbrach sich einmal; in den Bewegungen trat wieder etwas Blut auf; die rechte Hand und der rechte Arm waren weniger geschwollen. 11. Der Gesichtsausdruck war ängstlich, der Puls lag bei etwa 90 und unregelmäßig. Das Erbrechen wiederholte sich mehrmals. Die lividen Flecken auf der rechten Hand waren nicht größer geworden, sondern erschienen wie deutliche kleine schwarze oberflächliche Hautflecken; diese alle schorften ab, ohne Eiterung. 12. Der Schmerz und die Schwellung des Arms waren nahezu abgeklungen. Mit Hilfe der Medikamente konnte der Darm sehr frei arbeiten, und sie äußerte sich sehr erleichtert. Von diesem Zeitpunkt an besserte sich die Patientin langsam, aber allmählich, mit ein oder zwei leichten Unterbrechungen, bis sie Anfang Mai erneut über Schmerzen im inneren Teil des rechten Arms, oberhalb des Ellenbogens, klagte. Hier war eine gewisse Verhärtung im Verlauf der Basilikumvene zu spüren. Einige kleine Ansammlungen von Materie lagerten sich nun auf dem Rücken der rechten Hand ab und ähnelten in mancher Hinsicht dem Ausbruch zusammenfließender Pocken. Am 11. Mai hatte sie einen Großteil ihrer Kräfte wiedererlangt, verspürte aber immer noch leichte Schmerzen im Ellenbogen bei Bewegung. Sie klagte auch über die Gelenke eines ihrer Finger. Sie verließ nun London, um die Luft zu wechseln.

B. Die folgende Tabelle besteht aus Fällen, die während eines Jahres nacheinander aufgenommen wurden.

Fallleiter.	Zeitraum der sekundären Entzündung.	Obduktionen.
FALL IV. Elizth. Mackintosh, æt. 25. Entzündeter Schleimbeutel der Kniescheibe; Erysipelatöse Entzündung in der Nähe der rechten	Einige Tage nach Auftreten der Erysipelentzündung; drei Tage vor dem Tod.	Dunkles Serum, vermischt mit Fetzen frisch austretender Lymphe, in der Höhle der linken Pleura; Große Mengen serös-eitriger Flüssigkeit mit frisch austretender

Achselhöhle; plötzliche Unterdrückung der Katamenie; Strenge; Bauchfellentzündung; Zunge mit gelblich-weißem Belag bedeckt; Krankheit; „Fangschmerzen" in der Magengegend.

Lymphe in der Bauchhöhle.

RECHTSSACHE GEGEN James Stevens, æt. 46. Stichwunde am Finger beim Öffnen eines Kaninchens; diffuse zelluläre Entzündung des rechten Arms; krampfartige und „einfangende Schmerzen", die sich hauptsächlich auf das Epigastrium beziehen; Auswurf blutiger Flüssigkeit.

27 Tage nach der Verletzung; etwa sieben Tage vor dem Tod.

Blutige Flüssigkeit in der Höhle der linken Pleura; Eiter im linken Ellenbogengelenk.

FALL VI. William Collins, æt. 36. Prellung der Kniescheibe, verursacht durch das Rad einer Kutsche; scheinbare Erholung; Erysipelrötung über demselben Knie; Strenge; schneller Puls; heiße Haut, gefolgt von Schweißausbrüchen, Kopfschmerzen, Unruhe, Delirium.

Zwanzig Tage nach dem Unfall; drei Tage vor seinem Tod.

Hohlraum im Kniegelenk, der eine Menge dickflüssiger Flüssigkeit enthält, offenbar eine Mischung aus Blut und Synovia; faserige Degeneration eines Teils des Kniescheibenknorpels; trübes Serum im subarachnoidalen Zellgewebe; blutige Puncta im Gehirn, größer und zahlreicher als natürlich; Der hintere Teil beider Lungen ist voller Blut.

FALL VII. Maria Martin, æt. 39. Karies und Nekrose des Schienbeins, mit großem Beingeschwür.

Mehrere Monate nach Auftreten von Karies am Schienbein; ein paar Tage vor dem Tod.

Die Haut des oberen Teils des Beins und des gesamten Oberschenkels hat ein fleckiges Aussehen, verursacht durch ausgedehnte dunkle Flecken beginnender Gangrän; das mit Lymphe und Eiter infiltrierte Zellgewebe der Extremität.

FALL VIII. George Mason, æt. 42. Zusammengesetzter Trümmerbruch der Mittelhandknochen; Entzündung der Absorptionsmittel; erysipelartige Rötung der Haut; sekundärer Abszess im betroffenen Arm; Steifheit der Zungenmuskulatur; Trismus; universelle Beeinträchtigung der Muskulatur.

Neun Tage nach der Verletzung; zweiundzwanzig Tage vor dem Tod.

Erhöhter Stauungsgrad sowohl in der grauen als auch in der weißen Substanz des Gehirns; Substanz der Pons Varolii und der Medulla oblongata von rosafarbener Farbe und mit unregelmäßigen Streifen erhöhter Vaskularität; Milz weich und etwas verstopft.

FALL IX. Sarah Leg, æt. 50. Nekrose eines Teils des Schienbeins, begleitet von einem großen üblen Geschwür.

Ein paar Tage vor dem Tod.

Erguss von Serum und Lymphe im Zellgewebe, das den Rachen und die Speiseröhre umgibt; Entzündung und Geschwürbildung der Kehlkopfschleimhaut; leichte Lungenentzündung; Die Milz ist von grauroter Farbe, fester und leichter zu zerreißen als natürlich.

FALL X. Elizabeth Moleno, æt. 42. Strangulierte Oberschenkelhernie der linken Seite; Betrieb; Erysipelrötung um die Wunde am dritten Tag, gefolgt von Übelkeit, kaltem Schweiß und Delirium; mehrere dunkle Flecken auf der Haut des rechten Beins.

Acht Tage nach der Operation; vier Tage vor dem Tod.

Die Auskleidungsmembran der rechten Vena saphena interna ist durchgehend dunkel livid gefärbt, der Hohlraum des Gefäßes ist mit einer großen Menge geronnenem Blut, vermischt mit puriformer Flüssigkeit, gefüllt; Eiter in der Vena iliaca communis; Serumerguss um die Beinvenen; Leber groß und verstopft; fleckige Degeneration beider Nieren.

FALL XI. Jane Cox, æt. 60. Kopfhautwunde; Erysipel am Kopf und im Gesicht; Querfraktur des Außenknöchels, gefolgt von Eiterung des Sprunggelenks.

Kurz vor ihrem Tod.

Abtötung der Haut am unteren Teil des Beins, Knöchels und Fußes; leichte Extravasation von Blut in die Arachnoidalhöhle und in die Gehirnsubstanz; Die Nieren sind von grober Struktur und bemerkenswert weich.

FALL XII. Bartholomew Sullivan, æt. 27. Zerrissene und gequetschte Wunde des Beins, gefolgt von diffuser Zellentzündung und Entzündung der Absorptionsmittel; Delirium; Am Tag vor seinem Tod erschien in der rechten Leiste ein separater großer

Fünf Tage nach dem Unfall; acht Tage vor seinem Tod.

Abtötung der Haut und des Zellgewebes des rechten Beins; die Venen der Gliedmaßen sind gesund; Milz von blasser Farbe und sehr weich.

Demütigungsfleck, umgeben von einer leuchtend roten Schwellung.

FALL XIII. George Foscutt, æt. 24. Bruch des Oberschenkelknochens ins Kniegelenk; Strenge; Erysipel der Extremität, schlecht definiert und nur sehr langsam voranschreitend; Koma; Abszesse im Bein und Oberschenkel; Abtötung der Haut am Fußrücken und über der linken Hüfte.

Sechs Tage nach dem Unfall; zweiundzwanzig Tage vor seinem Tod; Schmerzen in der Brust am Tag vor seinem Tod.

Hepatisierung beider Lungenflügel mit sekundären Abszessen in der linken Lunge; Die Nieren sind von weicher und grober Beschaffenheit, die linke weist eine kleine Ablagerung scheinbar tuberkulöser Substanz auf; Milz groß, blass und weich.

FALL XIV. William Wright, æt. 30. Bruch der Patella; unregelmäßiges Erysipel; Durchfall; Abszesse im Bein und im Kniegelenk.

Erysipel trat einen Monat nach dem Bruch der Patella und etwa zur gleichen Zeit vor seinem Tod auf.

Lympherguss in der Pleura; Sekundäre Abszesse in unterschiedlichen Entstehungsstadien in beiden Lungen und Lymphablagerung in einer Niere.

FALL XV. Henry Bateman, æt. 19. Fraktur des Wadenbeins; diffuse zelluläre Entzündung des Beins; Eiterung im Kniegelenk; Nekrose eines Teils des Wadenbeins.

Drei Monate nach dem Unfall; drei Wochen vor seinem Tod.

Kürzlicher Lympherguss auf der Pleura; beginnender sekundärer Abszess in beiden Lungen; Das Schienbein ist freigelegt und seine Struktur ist schwarz und weich.

FALL XVI. John Clark, æt. 45. Große Kopfhautwunde; Strenge; gefolgt von

Neunzehn Tage nach dem Unfall; drei vor dem Tod.

Erguss von Lymphe zwischen der Dura mater und dem Knochen sowie von einer einseitigen Lähmung; ein freigelegter Knochenteil von dunkelgrüner Farbe, der nach der Entfernung einen fauligen Geruch verströmt.

Eiter und Lymphe in der Höhle der Arachnoidea; Mit Blut vermischter Eiter im Sinus longitudinalis superior; Ablagerung von Lymphe in der Struktur der Pia Mater; kürzlich ausgetretene Lymphe in der Höhle der linken Pleura; sekundäre Abszesse der linken Lunge.

FALL XVII. Matthew Elmes, æt. 37. Verletzung des Handgelenks; diffuse zelluläre Entzündung; Abszesse im Zellgewebe und im Handgelenk; unteres Ende des Radius entblößt; Schmerzen in verschiedenen Körperteilen , insbesondere im Kopf und Bauch.

Der zehnte Tag nach seiner Einweisung ins Krankenhaus; vier Tage vor seinem Tod.

Sekundäre Abszesse in verschiedenen Entwicklungsstadien in beiden Lungen; Eiterung zwischen den verschiedenen Knochen der Handwurzel; beide Nieren groß, grob und schlaff; Die Milz ist weich, leicht zerrissen und von blasser Farbe.

FALL XVIII. Mary Hopkins, æt. 19. Geschwürbildung der Knorpel, gefolgt von Eiterung des Kniegelenks; Amputation; unregelmäßiges Erysipel an verschiedenen Stellen.

Eine Woche nach der Amputation trat ein Erysipel auf; sechzehn Tage vor dem Tod.

Geringe Entzündung eines Teils der linken Lunge; dunkle Ablagerungsflecken in der Milz.

FALL XIX. John Wilkinson, æt. 56.

Schmerzen auf der rechten Seite eine

Trübes Serum in der rechten Pleurahöhle;

Komplexer Bruch des rechten Schienbeins; Entzündung um die Wunde mit Ansammlungen von Stoffen; leichtes Delirium; Krankheit.

Woche nach seiner Aufnahme.

beginnende sekundäre Abszesse in beiden Lungen; große Zysten in der Niere.

FALL XX. James Bryant, æt. 20. Kopfhautwunde, die den Knochen freilegt; Schwellung der Kopfhaut am 18. Tag; Schüttelfrost, gefolgt von starkem Schweißausbruch; Unruhe; Delirium; Projektion der Augäpfel.

Vierundzwanzig Tage nach dem Unfall; fünf Tage vor dem Tod.

Der Knochen ist im Ausmaß eines Schillings freigelegt, von gelber Farbe und mit einem sehr dunklen Diploë; Erguss von Lymphe und Eiter zwischen der Dura mater und dem Knochen, der sich bis zur Schädelbasis und durch die Keilbeinspalten in die Augenhöhlen erstreckt; Eitererguss in die Arachnoidalhöhle; beginnende sekundäre Abszesse im Unterlappen der linken Lunge; Milz groß und sehr weich, fleckig; Degeneration beider Nieren.

FALL XXI. James Williams, æt. 41. Bruch der unteren Extremität des linken Radius; diffuse zelluläre Entzündung des Arms nach Ablauf von vier Wochen; Abszesse in der Extremität, von denen einer mit der Fraktur in Verbindung

Zehn Wochen nach dem Unfall; eine Woche vor dem Tod.

Großer Hohlraum mit fauligem Material, in Kontakt mit dem freigelegten Kreuzbein; Abszesse zwischen den Knochen des linken Handgelenks und der Hand; Milz weich, verstopft und mürrisch.

stand; Durchfall;
Erbrechen; Zunge
trocken und braun.

FALL XXII. John
Munday, æt. 36.
Prolapsus ani;
Hämorrhoiden; Betrieb;
Strenge; Angst vor dem
Gesichtsausdruck; große
Hitze der Haut; Puls
150.

Der achte Tag nach
der Operation wegen
Hämorrhoiden; der
vierte vor dem Tod.

Die Schleimhaut des
gesamten Dickdarms ist
von sehr dunkler Farbe;
verstopfte Stellen davon
sind in markante Falten
geworfen; kürzlich
ausgetretene Lymphe
auf der rechten Pleura;
Sekundäre Abszesse in
beiden Lungen.

FALL XXIII. Esther
Polley, æt. 50.
Risswunde am Fuß;
Ablösung eines kleinen
Teils der Basis eines der
Mittelfußknochen;
Schmerzen in der Brust;
schneller Puls;
Depression, mit
Delirium.

Der zehnte Tag nach
dem Unfall; der
dritte vor dem Tod.

Eine doppelte Fraktur
des fünften
Mittelfußknochens;
Entzündung der
rechten Pleura;
Sekundäre Abszesse in
der rechten Lunge.

FALL XXIV. Henry Lacy,
æt. 26. Kopfhautwunde,
die den Knochen
freilegt; Bruch des
Schädels; Anzeichen
von Übelkeit;
Schmerzen im Kopf;
„Magenschmerzen";
Schläfrigkeit und
Bewusstlosigkeit;
Lähmung einer Seite;
Muskelzuckungen; Teile
des Knochens, die
durch den Trepan
entfernt wurden, nahe

Der achtzehnte Tag
nach dem Unfall;
und eine Woche vor
dem Tod.

Gelbe Substanz im
Diploë der
Scheitelknochen, in der
Nähe des Teils, wo der
Trepan angewendet
worden war;
Lympherguss auf der
Oberfläche der Dura
mater; Eiter und
Lymphe nur in der
hinteren Hälfte des
Längssinus; Eitererguss
in der Höhle der
Arachnoidea; etwas
blutiges Serum in
beiden Pleurahöhlen;

der Oberseite des
Kopfes.

beginnende sekundäre
Abszesse in der Leber.

FALL XXV. Thomas
Meed, æt. 15.
Verletzung des Beins;
kleiner eiternder Sinus
an der Außenseite des
Gliedes; Erysipel;
Durchfall; Koma.

Gefäße auf der
Oberfläche des
Gehirns sind
verstopft;
Seitenventrikel mit
Flüssigkeit
aufgebläht; eine
dicke Schicht eitriger
Lymphe auf der
Arachnoidea an der
Basis des Gehirns;
Einige leichte
Ekchymosenflecken
auf der Vorderfläche
beider Lungen.

FALL XXVI. Thomas
Daffey, æt. 42.
Hämorrhoiden;
Operationen; Strenge;
Krankheit; starke
Bauchschmerzen;
Durchfall; Schluckauf.
Dieser Patient hatte vor
der Operation wegen
der Hämorrhoiden
Speichelfluss.

Der zehnte Tag nach
der Operation; und
neunte vor dem Tod.

Beginnende sekundäre
Abszesse in der rechten
Lunge; Die Leber ist in
ihrer gesamten
Ausdehnung mit
sekundären Abszessen
übersät. Schleimhaut
des Mastdarms von
dunkelgrüner Farbe;
Erguss von Eiter und
Lymphe in die
Hämorrhoidalvene und
die Vena mesenterica
inferior; Mit Eiter
aufgeblähte Höhle im
linken Kniegelenk; Milz
weich, breiig und dicht
mit dunklen Flecken
übersät.

C. FALL XXVII. George Burton, æt. 22, ein kräftiger Seefahrer, wurde erstmals
am 18. September 1848 gesehen. Er hatte einen riesigen Haut- und

Zellmembranbelag, der den unteren Teil des Bauches auf der rechten Seite bedeckte. Er gab eine äußerst unvollkommene Schilderung seiner selbst und schien häufig nicht in der Lage zu sein, die ihm gestellten Fragen zu verstehen. Die Haut war heiß und trocken, der Puls 130. Mehrere Tage lang blieb er in demselben apathischen Zustand. Der Darm war besonders hartnäckig und die verabreichten Abführmittel zeigten überhaupt keine Wirkung.

Als sich der Schorf löste, blieb die Oberfläche des äußeren schrägen Muskels so sauber zurück, als wäre er erst kürzlich präpariert worden. Die Haut war teilweise unterhöhlt und es wurde offenbar kein Versuch unternommen, das Fortschreiten der Krankheit durch Lymphabfluss einzudämmen. Infolgedessen wurden frische Teile des Zellgewebes befallen, und die gesamte Oberfläche, die schließlich freigelegt wurde, hatte einen Durchmesser von 15 cm. 25. *September*. Klagte über Schmerzen in der Brust und im oberen Teil des Bauches; hat einen ständigen kurzen Husten; schwitzt sehr frei. 26. Der Puls ist schwächer geworden, behält aber die gleiche Frequenz (130). Es vermittelt dem Finger ein eigenartiges ruckartiges Gefühl. 28. Puls 96, schwächer; leichter Durchfall; er erbrach sich mehrmals am Tag. 29. Unruhig, mit Delirium. 30. Habe eine weitere unruhige Nacht verbracht, aber im Laufe des Tages wurde es besser; sein Appetit kehrte zurück. 5. *Okt.* Sein Appetit ließ erneut nach; klagte über ein Spannungsgefühl im Unterleib. 8. Am unteren und hinteren Teil des rechten Beines wurde ein Abszess entdeckt; Die Haut darüber wies verschiedene Gelb- und Brauntöne auf, was den Anschein erweckte, als sei sie stark gequetscht worden. Ungefähr zwei Unzen verfärbter Eiter wurden zusammen mit einer beträchtlichen Menge breiigem Blut ausgeschieden. 10. Hat sich seit dem letzten Bericht stark verbessert; Aus der Wunde tritt dunkles, halbgeronnenes Blut aus. 13. Nun trat ein zweiter Abszess am selben Bein auf, und die ihn bedeckende Haut nahm das gleiche verfärbte Aussehen an wie beim ersten Fall. Beim Öffnen trat dunkles, halbgeronnenes Blut mit der Substanz aus. Sein Gesundheitszustand verbesserte sich nun rasch und er erholte sich schließlich vollkommen.

FALL XXVIII. Samuel Todd, æt. 58, fiel fünfzehn Meilen von der Stadt entfernt von einem Wagen und wurde während eines strengen Frosts in einem offenen Karren hochgebracht. Es kam zu einem komplizierten Bruch des linken Beins. Zwei Tage später litt er unter einer Zellentzündung rund um die Wunde. Am 24. Tag verspürte er einen leichten Schüttelfrost und klagte über eine leichte Steifheit in der rechten Schulter. Bis zwei Tage nach seinem Tod, der am vierunddreißigsten Tag eintrat, aß und trank er gut.

Obduktionen. Beide Lungen enthielten sekundäre Abszesse in verschiedenen Entwicklungsstadien. Die linken Vena iliaca externa und die Vena femoralis communis waren durch festes Gerinnsel verstopft und darin eingeschlossen war eine Menge eitrig aussehender Flüssigkeit; Eine anhaftende Schicht könnte sich über eine gewisse Distanz von der Innenfläche dieser Gefäße ablösen.

FALL XXIX. James Howard, æt. 33, hatte einen kleinen Abszess am Rücken des rechten Fußes, dem eine Entzündung der Saugkörper folgte; Anschließend bildeten sich Abszesse im rechten Oberschenkel und in der Leistengegend. Zwei Monate nach dem ersten Auftreten des Abszesses an seinem Fuß wurde er von Schüttelfrost, Erbrechen und starkem Schweiß befallen. Er klagte auch über Schmerzen im unteren Teil der linken Lunge, und es wurde gesagt, dass das Atemgeräusch in dieser Situation mangelhaft sei. Er starb am 23. Tag an den Symptomen der sekundären Erkrankung.

OBDUKTIONEN. Haut und Bindehaut hatten eine hellgelbe Farbe; Es gab Einschnitte in der rechten Leiste. In der Höhle der rechten Pleura befanden sich einige Flecken frisch austretender Lymphe von gelblicher Farbe. Im Unterlappen der rechten Lunge befanden sich mehrere Stellen sekundärer Ablagerungen; diese wurden in verschiedenen Stadien ihrer Entstehung gefunden, und einige von ihnen waren von beträchtlicher Größe; Es wurde festgestellt, dass einige der Lungenvenen in der Nähe derjenigen, die eitert waren, eine eitrige Flüssigkeit enthielten. Auf der linken Seite befand sich ein kleiner Abszess unter der Pleura costalis. Die Leber hatte eine gesunde Struktur und war etwas größer als gewöhnlich. Nieren gesund. Die Venen in der Leiste zeigten ein gesundes Aussehen.

FALL XXX. Ein Herr wurde wegen Hämorrhoidentumoren auf die übliche Weise operiert und starb kurz darauf, wobei blutiges Serum in eine der Pleurahöhlen ergoss. Die einzige Besonderheit, die am Aussehen des Mastdarms festgestellt werden konnte, war, dass das Blut in einer der größten Venen noch flüssig war. Diese Vene führte direkt zu einem durch die Operation entstandenen Geschwür; und selbst an seinem äußersten Ende wies es keinerlei Anzeichen von Gerinnseln auf.

D. FÄLLE, IN DENEN NACH DER GEBURT VERSTÄRKTE FLÜSSIGKEITEN IN DEN Adern der Gebärmutter beobachtet wurden.

FALL XXXI. [45] Am zweiten Tag nach einer natürlichen Wehen litt eine Frau unter anhaltendem Schüttelfrost, gefolgt von Bauchschmerzen und starkem Schwitzen. Am vierten Tag litt sie unter Synkope und galligem Erbrechen, begleitet von extremer Erschöpfung. Am fünften Tag traten die nachgelassenen Bauchschmerzen mit Unruhe und Delirium wieder auf. Am sechsten Tag hatte sie kalten Schweiß, unregelmäßigen Puls, schnelle Atmung und Erbrechen. Sie starb am nächsten Morgen.

Obduktionen. In der Bauchhöhle befand sich eine kleine Menge klares Serum. Es wurde festgestellt, dass einige der Gebärmuttervenen eine trübe Flüssigkeit enthielten. Das Herz war zur Hälfte mit braunem Blut gefüllt. Die Lunge war verstopft und die anderen Organe normal.

FALL XXXII. Eine 22-jährige Frau von nervösem Temperament erlitt nach Ablauf des ersten Monats eine Fehlgeburt. Fast unmittelbar danach wurde sie von Schüttelfrost und galligem Erbrechen befallen, begleitet von Schmerzen in den Lenden und im Unterbauch. Am folgenden Tag kam es zum Koma mit Anzeichen extremer Schwäche. Am dritten Tag kehrte das Bewusstsein zurück. Es gab schwierige Artikulationen und Stöhnen. Die Extremitäten wurden kalt, der Puls war nicht mehr wahrnehmbar und der Tod trat noch am selben Tag ein.

Obduktionen. Das Peritoneum war leicht injiziert und enthielt eine kleine Menge rötliches Serum. Der Gebärmutterhals war mit einer Eiterschicht bedeckt. In einigen Uterusvenen wurde halbtransparente Lymphe gefunden. Das Gehirn und andere Organe wurden als gesund befunden.

FALL XXXIII. Ein schwaches Mädchen im Alter von 21 Jahren wurde nach Ablauf des achten Monats eingesperrt. Am vierten Tag kam es zu Frösteln und anhaltender Ohnmacht. Am nächsten Morgen hatte sie starke Bauchschmerzen, Fieber und Durchfall. Am siebten Tag waren alle Beschwerden abgeklungen, doch am achten Tag kehrten die Bauchschmerzen zurück, begleitet von einer Synkope. Sie starb zwei Tage später.

Obduktionen. Das Peritoneum war leicht injiziert und enthielt etwa einen halben Liter rotgefärbtes Serum. Die Gebärmutter war groß, weiß und fest, ihre Venen waren zur Hälfte mit flüssigem Blut gefüllt; seine Lymphgefäße sind natürlich; seine innere Oberfläche ist mit einer Schicht stinkenden braunen Blutes überzogen, ansonsten aber gesund; Der Gebärmutterhals ist mit einer grauen, dünnen Exsudation bedeckt. Die Lunge, das Herz, das Gehirn und andere Organe waren völlig gesund.

FALL XXXIV. [46] Anne Biggs, æt. 39, entbunden am 18. März 1830, achtes Kind. Am Abend ihrer Entbindung wirkte sie sehr aufgeregt. Am 19. war sie inkohärent und klagte über Schmerzen in der Wade des rechten Beins, die druckempfindlich waren. Da ihr der Puls hart war, blutete sie bis auf 250 Gramm. Am 28. war das Bein geschwollen und weiß; der Schmerz darin nahm stark zu; gegen Abend wurde die Wade des Gliedes schwarz, während an der Achillessehne die Haut heiß, zart, trocken und fleckig war. Der Darm war weit geöffnet, der Kopf schwindlig, der Puls schnell und stark. Ihr wurde erneut Blut ausgeblutet, bis auf 26 Unzen, und zwölf Blutegel wurden an der

Schläfe angebracht. Am 21. kam es zu Übelkeit, Erbrechen und Durchfall. Am 23. klagte sie über große Verwirrung in ihrem Kopf, das Bein war einigermaßen leicht, aber der obere und innere Teil des Oberschenkels war sehr empfindlich. Am 24. hielt der Durchfall an und es kam zu zunehmender Schwäche. Am Handgelenk entstand eine harte Schwellung, etwa halb so groß wie ein Ei, und eine der durch die Venesektion entstandenen Öffnungen war schwarz und schmerzhaft. Sie starb am Abend.

Obduktionen. Alle Ventrikel des Gehirns waren mit Serum erweitert, und es kam zu einem starken Erguss in die Arachnoidea und die Pia mater. Die Eingeweide waren vollkommen gesund, mit Ausnahme des Herzens und der Milz: Letztere war sehr groß, und beim Drücken quoll eine große Menge schmutzigroter, breiiger Substanz aus. Die Auskleidungsmembran des rechten Vorhofs und Ventrikels hatte beim Waschen einen dunkelroten Farbton. Die Vena femoralis, gerade am Eingang der Saphæna, und die oberflächliche Vene an der Rückseite des Beins hatten stark verdickte Mäntel, so dass sie wie Arterien einschnitten. Ihre Auskleidungsmembran ähnelte der der rechten Herzhöhle. Bei der Teilung trat eitriges Material, vermischt mit dünnem, hellem Blut, aus. Das Zellgewebe, das die Hülle der Oberschenkelgefäße bildete, und an der Wade des Beines wies Spuren einer kürzlichen Entzündung auf; in diesen Situationen trat jedoch kein Eiter auf. Keine der Drüsen in der Leiste oder im Schinken war vergrößert. Die untere Hohlvene schien gesund zu sein.

E. Fälle von eitrigen Ablagerungen im Zusammenhang mit Venenentzündungen nach der Geburt, aufgezeichnet von Dr. ROBERT LEE IN DER MED.-CHIR. TRANSAKTIONEN.

FALL XXXV. Mrs. Mayhew, æt. 33, wurde am 2. März 1829 entbunden. Am 5. März kam es zu einem Blutausfluss aus der Gebärmutter. Vom 6. bis zum 20. klagte sie in keiner Körperregion über Unwohlsein, obwohl ihre Kräfte rasch nachließen. Das Gesicht hatte einen dunkelgelben Farbton. Die Erwärmung der Oberfläche nahm leicht zu; die Atmung ging schnell, besonders bei körperlicher Anstrengung, und der Puls lag über 130 und war schwach; die Zunge ist blass und glänzend, mit Appetitlosigkeit. Der Lochialausfluss hatte einen besonders unangenehmen Geruch. Sie starb am 28. März.

Obduktionen. Als die Gebärmutter geöffnet wurde, fand man einen Teil der Plazenta, etwa so groß wie eine Muskatnuss, in fauligem Zustand, der an der Innenfläche klebte. Die Substanz des Uterus war im Umkreis von einem Zoll von besonders dunkler Farbe, fast schwarz und weich wie ein Schwamm. Beim Einschneiden entwich etwa ein Teelöffel eitriger Substanz aus den Venen, und eine kleine zusätzliche Menge wurde aus ihnen herausgedrückt ... Beim Öffnen des Kapselbandes des rechten Kniegelenks traten etwa sechs

Unzen dünner eitriger Substanz aus , und die Knorpel des Femurs und des Schienbeins waren stark erodiert. An der Außenseite des Kapselbandes konnte jedoch keine Entzündung festgestellt werden. Das rechte Handgelenk war geschwollen und die Zellmembran um es herum war ungewöhnlich vaskulär und mit Serum infiltriert.

FALL XXXVI. Mrs. Pope, æt. Die 40-Jährige brachte am 26. Oktober ihr vierzehntes Kind zur Welt und schien sich gut zu erholen, bis sie am 3. November plötzlich von einem schweren Schüttelfrost befallen wurde. Es folgten starke Kopfschmerzen, Erbrechen, allgemeine Bauchschmerzen und eine Unterdrückung der Lochienbildung. 6. November. Große Entkräftung; mühsames Atmen mit Schmerzen im unteren Bereich des Brustbeins und häufigem Husten; Puls 135, extrem schwach; Die Haut ist heiß und trocken. Gelegentliches Würgen und Erbrechen. Es wurden mehrere harte, klumpige Stränge gefunden, die an der Innenseite des Oberschenkels nach oben in Richtung der oberflächlichen Venen verliefen. 7. Delirium; allgemeine Schwäche nahm stark zu; die Oberfläche des Körpers war mit einer gelben Schicht bedeckt; Der Mittelfinger der linken Hand war um das zweite Gelenk herum stark geschwollen und die ihn bedeckende Haut hatte eine dunkelrote Farbe.

FALL XXXVII. Mrs. Edwards, æt. 35 Jahre alt, erlitt drei Wochen nach der Entbindung plötzlich einen Anfall mit Schmerzen in der Wade des rechten Beins und einem Kraftverlust in der gesamten rechten unteren Extremität. Am 5. Tag nach dem Anfall war eine beträchtliche Schwellung ohne Verhärtung vom Schinken bis zum Fuß aufgetreten, und entlang der Innenseite des Oberschenkels bis zur Leiste war eine große Empfindlichkeit zu verspüren. Die Extremität war überall geschwollen, schmerzte und verlor jegliche Bewegungsfähigkeit. Die Temperatur entlang der Innenfläche der Extremität stieg; Die Haut war blass und glänzte und zeigte bei Druck keine Löcher. Die Oberschenkelvene war von der Leiste bis zur Mitte des Oberschenkels verhärtet, vergrößert und äußerst fühlbar; Puls 80; Zunge stark belastet; Durst; Darm öffnet sich. Am 23. Tag nach dem Angriff war die Krankheit offenbar rückläufig. Die Oberschenkelvene war nicht mehr zu spüren, aber in ihrem Verlauf entlang des Oberschenkels spürte sie immer noch ein empfindliches Gefühl, und sie verspürte ein erhebliches Unbehagen zwischen Nabel und Schamhaar sowie in den Lenden. Jetzt begann sie zum ersten Mal Schüttelfrost zu verspüren, begleitet von schnellem Puls, belasteter Zunge und Durst. Von diesem Zeitpunkt an bis zum 31. Tag ließen die Schwellung der Gliedmaßen und die Druckempfindlichkeit im Verlauf der Oberschenkelgefäße nach, sie verspürte jedoch Anfälle von akuten Schmerzen in der Nabelgegend, den Lenden und im Rücken, die eine regelmäßige, intermittierende Form annahmen. Jeden Nachmittag kam es zu einem einstündigen Schüttelfrost, gefolgt von erhöhter Hitze und starkem

Schweiß: Die Haut war heiß und trocken; Puls 125; Zunge braun und ausgetrocknet; Darm öffnet sich. Die Schwere dieser Fieberanfälle ließ allmählich nach und sie schien sich zu erholen, bis sie am 43. Tag einen langen und heftigen Kältezitteranfall verspürte. Das Gesicht zeigte jetzt große Angst und der Puls war äußerst schwach und schwach. 45. Tag. Erbrechen; Schmerzen auf der linken Seite, die sich bei tiefem Einatmen verstärken. 46. Tag. Ein weiterer schwerer und anhaltender Rigor; Haut heiß und trocken; Puls 140; Zunge braun und ausgetrocknet; Durchfall; beschleunigtes Atmen mit häufigem Husten; Die Körperoberfläche weist einen eigentümlichen Gelbstich auf. Die Bindehaut des rechten Auges nahm nun plötzlich eine tiefrote Farbe an und war so stark geschwollen, dass die Augenlider nicht mehr geschlossen werden konnten. Am darauffolgenden Tag war auch das linke Auge gerötet und geschwollen, die Körperoberfläche war kalt und feucht, der Puls 140, äußerst schwach, mit großer Schwäche und wiederholten Erbrechensanfällen. Von diesem Zeitpunkt an lebte der Patient noch fast drei Wochen, aber in den letzten zwei Wochen war das Sehvermögen auf beiden Augen völlig zerstört.

Obduktionen. Die linke Pleurahöhle enthielt mehr als zwei Pints einer dünnen, eitrigen Flüssigkeit. Der Unterlappen der linken Lunge hatte eine dunkle Farbe und eine weiche Beschaffenheit. In seiner Mitte befand sich etwa eine Unze dicker cremefarbener Eiter, der sich in seiner dunklen und weichen Textur abgelagert hatte. Dieses war in keiner Zyste oder Membran enthalten, sondern in das Lungengewebe infiltriert. Die Hülle der Vena cava inferior war erheblich verdickt; seine ganze Höhle war von einem Gerinnsel besetzt, das oben in einem lockeren, spitzen Ende endete. Die linke Vena iliaca communis war durch eine Fortsetzung des Gerinnsels aus der Hohlhöhle verstopft. Das Koagulum setzte sich über den Eingang des inneren Darmbeins hinaus fort, das es vollständig verschloss, und endete in einem spitzen Ende etwa in der Mitte des äußeren Darmbeins. Weder der Rest des Gefäßes noch die Oberschenkelvene wiesen krankhafte Veränderungen auf. Die rechte Vena iliaca communis war auf mehr als die Hälfte ihrer natürlichen Größe kontrahiert; es fühlte sich fest an und hatte eine graublaue Farbe; An seiner inneren Hülle haftete eine Adventivmembran von derselben Farbe, die in sich ein festes Gerinnsel enthielt. Das innere Becken war durch dichte, dunkel gefärbte bläuliche Membranen völlig undurchdringlich ; und an seinem Eintritt in die gemeinsame Darmbeinwand wurde es in eine feste Schnur umgewandelt. Das zusammengezogene äußere Darmbein enthielt in sich ein weiches gelbliches Gerinnsel; Sein Fell war drei- oder viermal so dick wie seine natürliche Dicke und mit dunkel gefärbten Membranschichten ausgekleidet. Die rechte Oberschenkelvene war vom Poupart-Band bis zur Mitte des Oberschenkels verkleinert und fast nicht mehr von der Arterie zu trennen. Seine Tuniken waren verdickt, und sein Inneres war mit einer dichten Membran überzogen, die ein fest daran haftendes purpurnes Gerinnsel umgab.

F. FALL, DER DEN ZEITRAUM ZEIGT, IN DEM EIN KOAGULUM IN EINEM VERWUNDENEN GEFÄSS NACHGEBEN KANN.

FALL XXXVIII. George Haydon, ætat. 37, erhielt am 5. März 1848 eine etwa einen halben Zoll lange Wunde über der rechten Arteria radialis. Die Blutung wurde durch Druck gestillt. Am 12. bildete sich am Grund der Wunde ein kleiner Belag, dessen Ränder entzündet waren und schmerzten. Am 14. kam es zu einer leichten Blutung aus der Wunde, die zunächst durch Kälteeinwirkung gestillt wurde; aber am Abend trat es in beträchtlicher Menge wieder auf und wurde wiederum durch Kälte und Druck unter Kontrolle gebracht; In der Nacht kam es jedoch erneut zu starken Blutungen, die nur durch Anlegen des Tourniquets oberhalb des Ellenbogens gestoppt werden konnten. Am 15. wurde die Arteria radialis abgebunden; Da dies jedoch nicht verhinderte, dass die Blutung wiederkehrte, vergrößerte sich die ursprüngliche Wunde, als das Tourniquet entspannt wurde. Die Öffnung in der Arteria radialis konnte nun mit einiger Schwierigkeit entdeckt werden; es erstreckte sich zu zwei Dritteln um den Umfang des Gefäßes und ließ ein Drittel ungeteilt.

G. FÄLLE, DIE DIE ORGANISATION DER ÄUSSEREN SCHICHT DES EXTRAVASIERTEN BLUTS ZEIGEN; BERICHTET VON HERRN HEWETT.

FALL XXXIX. [47] Ein Mann mittleren Alters erlitt eine schwere Brustverletzung; Er lebte noch elf Tage nach dem Unfall und zeigte während dieser Zeit kein einziges entzündliches Symptom. Die Höhle der linken Pleura war vollständig mit blutiger Flüssigkeit gefüllt und durch einen Teil gefärbten Fibrins, das ein wabenartiges Aussehen hatte und von den Rippen bis zur Lunge reichte, in zwei Kompartimente unterteilt. Das untere Kompartiment selbst war durch einander überschneidende Schichten aus farbigem Fibrin in mehrere andere unterteilt. In allen Hohlräumen wurden große Mengen locker geronnenen Blutes gefunden; Einige dieser Klumpen hatten eine rostige Farbe, andere ähnelten eher der natürlichen Farbe des Blutes. Die Lunge wurde gegen die Wirbelsäule gedrückt, und die gesamte Oberfläche des Pleurasacks war mit einer falschen Membran von etwa zwei Linien Dicke bedeckt, die aus geronnenem Fibrin bestand. Das Fibrin, das die Pleura pulmonalis und das Pleura Diaphragma auskleidete, zeigte auf seiner inneren Oberfläche ein glattes und poliertes Aussehen und ähnelte in der Farbe genau dem gelblichen Fibrin, das in den Herzgerinnseln dieses Patienten gefunden wurde. Der Belag war so gleichmäßig und über seine gesamte Ausdehnung so kontinuierlich, dass er zunächst nur wie eine verdickte Pleura aussah; aber dieses Aussehen konnte leicht zerstört werden, indem man diese Adventivmembran vom serösen Gewebe abschälte, die dort das gleiche Aussehen wie die Pleura auf der gegenüberliegenden Seite zeigte, mit der Ausnahme, dass sie nicht ganz so glatt war: es gab weder eine Verdickung noch die geringste Zunahme der Vaskularität in dieser Pleura. In der Lungensubstanz wurde ein großer Riß gefunden, aus dem die Blutung hervorgegangen war.

FALL XL. Ein Mann wurde von einer diffusen zellulären Entzündung der unteren Extremität befallen, die nach zwei Tagen mit einer ausgedehnten Brandwunde der Haut endete. In den oberflächlichen und gemeinsamen Oberschenkelvenen befanden sich ausgedehnte Blutgerinnsel; Diese füllten die Venen nicht vollständig aus, sondern hafteten an verschiedenen Stellen leicht an deren Innenhülle. Diese Klumpen behielten an manchen Stellen noch den Farbstoff des Blutes, während an anderen nur das farblose Fibrin zurückblieb; In beiden Venen waren die Blutgerinnsel von einer vollkommen durchsichtigen, glatten und polierten Membran umhüllt, die wie seröses Gewebe aussah. In der Struktur dieser Membranen befanden sich mehrere verschiedene baumartige Gefäße, die genau injiziert waren; [48] Einige dieser Gefäße waren ausreichend groß, um das durch sanften Druck erzeugte Blut durch sie zirkulieren zu lassen; Es konnte jedoch keine Verbindung zwischen diesen Gefäßen und den Venenmänteln festgestellt werden. Die Membranen ließen sich leicht von der Oberfläche der Gerinnsel, mit denen sie in Kontakt standen, ablösen. Die Innenschichten der Adern zeigten ihre natürliche Farbe und polierte Oberflächen, außer an den Stellen, an denen die oben erwähnten leichten Verwachsungen auftraten.

FINIS.

FUSSNOTEN:

[1] JÄGER auf dem Blut. Ed. 1794, S. 21.

[2] S. 25.

[3] S. 24.

[4] S. 97.

[5] S. 94.

[6] S. 98.

[7] Op. cit. P. 98.

[8] Bd. x, S. 45-82.

[9] Op. cit. P. 26.

[10] S. 200.

[11] S. 205.

[12] Anatomie Générale, Bd. ii, S. 423.

[13] Wenn ich von den beiden Prinzipien spreche, werde ich den Begriff „erste Absicht" verwenden, um zu bezeichnen, dass das Fibrin aus geronnenem Blut stammt; und beschränken Sie den Begriff „adhäsive Entzündung" auf den Ausfluss von Lymphe aus entzündeten Gefäßen.

[14] CRUVEILHIERS Weg. Liv. XI.

[15] Medico-Chirurgical Transactions, vol. xii.

[16] Medical and Physical Journal, Bd. lvi.

[17] London Medical Gazette.

[18] Ich hatte Gelegenheit, diese Bemerkung in Fällen zu überprüfen, in denen Nadeln unter Krampfadern der unteren Extremitäten eingeführt und mit einer Ligatur zehn Tage oder vierzehn Tage lang dort belassen wurden. In solchen Fällen wird die Durchblutung der Vene behindert; aber in ein oder zwei Jahren wird sich herausstellen, dass es vollständig wiederhergestellt ist.

[19] Medico-Chirurgical Transactions, vol. xii.

[20] TANZEN. Archives Générales de Méd. Bd. xviii, S. 480, Dez. 1828.

[21] In Fällen, in denen Eiter in von Gerinnseln umgebenen Venen gefunden wurde, wurden dessen Anwesenheit und Anhalten dort unterschiedlich erklärt. M. Cruveilhier scheint sich vorgestellt zu haben, dass die losen Gerinnsel als Filter wirken, durch die das Blut strömt, während der Eiter

zurückgehalten wird. (*Dict. de Méd. et de Chir.* t. xii, S. 641.) Die wahre Erklärung der Art und Weise, wie Gerinnsel in den Venen runden Eiter bilden, wurde bereits gegeben.

[22] Siehe Experimente von M. Gaspard.

[23] DR. LEE. Medizinisch-chirurgische Transaktionen.

[24] Précis Elémentaire de Physiologie, t. ii, S. 389.

[25] Journal de Physiologie, t. v, S. 328 und 336.

[26] Der derzeitige Bürgermeister von Newcastle-under-Lyme.

[27] Dieses und die folgenden Experimente gehören zu den von M. Gaspard aufgezeichneten und in der vorstehenden Dissertation erwähnten Experimenten.

[28] Ich habe einmal einen ähnlichen Zustand bei einer jungen Frau im St. George's Hospital beobachtet. Jeder Herzschlag war in einer Entfernung von zwei bis drei Yards vom Patienten mit großer Deutlichkeit zu hören; während der Anfälle bestand die größte Atembeschwerde; das Gesicht wurde ängstlich und bläulich, und in allen Arterien machte sich ein deutliches Kribbeln bemerkbar. Nach dem Tod waren das Gesicht und der Oberkörper aufgrund einer venösen Verstopfung bläulich. Die Lunge kollabierte beim Öffnen des Brustkorbs nicht ohne weiteres. Die Herzvorhöfe waren stark mit schwarzem Blut geschwollen; Die innere Oberfläche des linken Ventrikels wies einen weißen Fleck von etwa zwei Quadratzoll Ausdehnung auf; Die Auskleidungsmembran der Aorta war mehrere Zoll lang von leuchtend roter Farbe; diese erstreckte sich nur über etwa ein Drittel des Umfangs des Gefäßes. Es konnten keine weiteren strukturellen Veränderungen im Herzen oder in den Gefäßen festgestellt werden, die für die im Laufe des Lebens beobachteten Symptome verantwortlich wären.

[29] De l'Infection Purulente, S. 399.

[30] Bei der Ableitung allgemeiner Schlussfolgerungen aus Tierversuchen muss berücksichtigt werden, dass bei ihnen die Eiterung nur sehr schwer hervorgerufen werden kann. Viele der Erscheinungen, die durch die Injektion fauliger Flüssigkeiten hervorgerufen wurden (wie in Experiment XIV), hätten beim Menschen wahrscheinlich in Eiterung geendet. Dr. Sédillot hat dennoch festgestellt, dass bei der Einführung von zersetztem Serum im Allgemeinen eine andere Klasse von postmortalen Erscheinungen zu erwarten ist als bei Flüssigkeiten, die feste Partikel enthalten.

[31] LONDON JOURNAL OF MEDICINE , vol. ich, p. 799.

[32] Bei einem Bruch des Oberschenkelknochens in das Kniegelenk habe ich beobachtet, dass sich eine dunkle, undeutliche Erysipelröte vom betroffenen

Glied zum Körper und von dort zum Kopf ausbreitete. An verschiedenen Stellen des Körpers bildeten sich eitrige Ablagerungen, an denen der Patient verstarb.

[33] Für die Kenntnis dieser Tatsache bin ich Herrn Cæsar Hawkins vom St. George's Hospital zu Dank verpflichtet.

[34] Journal de Physiologie, t. iv, S. 45.

[35] Op. cit. P. 99.

[36] Es mag ungewöhnlich erscheinen, von einer Wirkung im Blut zu sprechen; Aber damit veranschaulichen wir nur das Prinzip, mit dem wir begonnen haben, nämlich dass „das Blut die Kraft zum Handeln in sich trägt".

[37] Op. cit. P. 669.

[38] Der Begriff „Ekchymose" scheint für den zu Beginn dieser Krankheit beobachteten Verfärbungszustand der Körperteile nicht angemessen zu sein; Das Blut wird zunächst nicht aus den Gefäßen ausgeschieden, sondern in ihnen geronnen.

[39] Op. cit. P. 662.

[40] Op. cit. P. 662.

[41] FERGUSON (Dr.) Über die Krankheiten der Frau. Diese Fälle machten ein Fünftel aller behandelten Fälle aus.

[42] BRODIE (Sir BC) Medical Gazette, vol. xxxvii, S. 642.

[43] Op. cit. P. 662.

[44] Ich habe diesen Zustand nach Verletzungen der Wirbelsäule beobachtet, die sich als tödlich erwiesen und eine Entzündung anderer Teile verursachten.

[45] Dieser und die beiden folgenden Fälle stammen von Tonellé. Für die Richtigkeit aller vorstehenden Fälle ist der Autor verantwortlich.

[46] Dr. Ferguson.

[47] Med.-Chir. Transaktionen, Bd. xxviii.

[48] Herr Gray, der Kurator des Museums des St. George's Hospital, hat mir kürzlich die äußere Schicht eines Blutergusses in die Arachnoidalhöhle gezeigt, der aus der mittleren Meningealarterie injiziert wurde.